AF313634

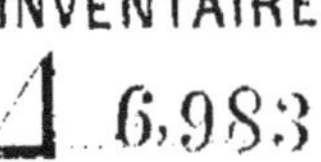

CATALOGUE
DES LIVRES
DE M. M***

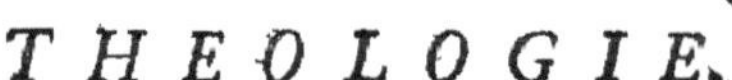

THEOLOGIE.

1 IBLIA ſacra. *Oliva. Rob. Steph.* 6
     2 vol. fol. v. b.
2 Biblia Sacra. *Lugd. 1743. in-4.* 9
3 Ejuſd. *Lugd. 1743. 7 vol. in-12.* 9
4 Liber Pſal. cum cant. & ordine 1 · 10
     Miſſæ. *Pariſ. 1737. in 16. m. b.*
5 Novum Teſtamentum Græcè. *Pariſ. Rob. Steph.* 3
     1559. *2 vol. in 16. m. r.*
6 Novum Teſtamentum. *Pariſ. De Laulne. 1703.* 2 · 10
     in 16. m. r. l. r.
7 La Sainte Bible, par le Maître de Sacy. *Monſ.* 24
     1713. *2 vol. in 4.*

*On a inſeré dans cet Exemplaire 150 Figures
gravées par les plus habiles Maîtres, avec une
Explication hiſtorique en Angl. & en François.*

A

8 La Sainte Bible, par le Maître de Sacy. *Mons.* 1713. *2 vol. in 4.*

9 La Sainte Bible de la Traduction de M. le Maitre de Sacy. *Paris.* 1742. *3 vol. in 12. m. b.*

10 La Sainte Bible, par Charles le Cene. *Amst.* 1741. *2 vol. fol. v. m.*

11 Histoire du Vieux & du Nouveau Testament, par de Royaumont. *Brux.* 1727. *in 8. fig. v. b.*

12 Le Nouveau Testament de Notre Seigneur Jesus-Christ, traduit en François selon la vulgate. *Mons.* 1678. *2 vol. in 16. m. b.*

13 Le Nouveau Testament, par le R. P. Amelote. *Paris* 1719. *2 vol. in 12. m. r. l. r.*

14 Le Nouveau Testament avec des Remarques, par Jean le Clerc. *Amst.* 1703. *2. t. en 2 vol. 4.*

15 Bern. Lamy. De Tabernaculo Fœderis, &c. *Parif.* 1720. *fol.*

16 L'Année Chrétienne, par M. le Tourneux, *Parif.* 1741. *13 vol. in 12. m. b.*

17 Breviarium Romanum, *Parif.* 1701. *4 vol in 16. Rubro nigrum. m. b.*

18 Heures Paroissiales. *Paris* 1726. *5 v. in 12. m. b.*

19 L'Office du Matin & du Soir pour les Dimanches & Fêtes de l'année. *Paris* 1739. *2. vol. in 16. m. b.*

20 Le Petit Paroissien, suivant le nouv. Bréviaire & Missel de Paris & de Rome. *Paris* 1745. *in 16. m. b.*

21 L'Usage & les Fins de la Prophétie, par Ab. le Moine. *Amst.* 1729. *in 8. v. m.*

22 Lettres de Saint Jerôme, trad. en Franç. avec des Remarques, par Dom Guillaume Roussel. *Paris* 1743. *4 vol. in 12. v. m.*

23 Religionis Naturalis & Revelatæ Principia Methodo Scholastica digesta, in usum Acade-

THÉOLOGIE.

micæ Juventutis, *Parif.* 1756. 2 *vol. in* 8. *v. m.*

24 Tradition de l'Eglife Romaine, par M. Germain. *Colog.* 1687. 4 *vol. in* 12. *vel.*

25 La Paix de Clément IX. *Chamb.* 1700. *in* 12.

26 De l'action de Dieu fur les Créatures ; par Laur. François Bourfier. *Paris,* 1713. 2 *tom. en* 1 *v.* 4. *v. b.*

27 Les Imaginaires & les Vifionnaires, par le fieur de Damvilliers. *Liége* 1667. 2 *vol. v. b.*

28 Lettres Théologiques, Ouvrage pofthume de M. l'Abbé Gaultier. 1756. 3 *vol. in* 12. *v. b.*

29 Parallele de la Doctrine des Payens. *Amft.* 1726. *in* 12. *

30 Traité contre le Paganifme du Roi-boit, par D. T. Defiyons. *Paris* 1670. *in* 12. *v. b.*

31 Apologie du Banquet fanctifié de la veille des Rois, par M. Nic. Barthelemy. *Paris* 1664. *in* 12. *vel.*

32 Recueil de divers Traités touchant l'Euchariftie. *Rotterd.* 1713. 2 *vol. in* 12. *v. b.*

33 Apologie des Dominicains. *Colog.* 1699. *in* 12. *v. f.*

34 Les Provinciales, ou Lettres Ecrites par Louis de Montalte. *Colog.* 1689. *in* 12. *vol.*

34 * Le même, avec les Notes de Guill. Wendrock, trad. en François par Melle. de Joncourt. *Cologne (Hollande)* 1739. 4 *vol.* 8. *v. m.*

35 Dictionnaire de Cas de Confcience, par M. T. Pontas. *Par.* 1715. 3 *vol. fol. gr. p. v. f.*

36 Conférences Eccléfiaftiques du Diocèfe d'Angers, par M. Babin. *Angers* 1746. 27 *vol. in* 12. *v. m.*

37 Catéchifme de Montp. par le P. Pouget. *Paris,* Le Guerrier. 1702. 5 *tom. en* 4 *vol. in* 12. *v. b.*

37 * Le même. 1731. 3 *vol. in* 12. *

4 THÉOLOGIE.

4 · 12 38 Serm. de Maſſillon. *Trev. 1705. 4. v. in 12. v. f.*

12 39 Sermons de M. La Collombiere. *Lyon 1757.* 6 *vol. in 12. v. m.*

3 · 40 Recueil de Sermons ſur les Evangiles du Carême, & ſur pluſieurs autres Sujets. *Bruxelles. 1706. 2 vol. in 12. v. f.*

15 41 Sermons Choiſis, ou Diſcours de Piété & de Morale, recueillis d'un des plus célebres Prédicateurs, pour tous les jours de Carême. *Brux. 1756. 8 vol. in 12. v. m.*

2 · 10 42 Deux Sermons, l'un ſur la Réformation du Pays de Vaud, & l'autre à l'occaſion d'un Jeûne public, par Melch. du Freſne. *Lauſanne. 1737. in 8. v. b.*

3 43 Lettres Myſtiques touchant la Conſpiration derniere, par M. D. L. F. *Leide 1602. in 12.*

3 · 12 44 Imitation de Jeſus-Chriſt, trad. nouv. avec les notes d'Horſtius, par M. l'Abbé de Bellegarde. *Paris 1725. 2 vol. in 16. m. b.*

7 · 10 45 L'Invocation & l'Imitation des Saints, pour tous les jours de l'année, avec des fig. en taille-douce, gravées par le Clerc. *Par. 1687. 3 vol. in 18. v. m.*

3 46 Lettres de P. Nicole. *Lille 1718. 2. v. in 12.*

8 47 Œuvres Spirituelles de Fr. de Salignac de la Mothe-Fenelon. *1740. 4 vol. in 12. v. b.*

12 48 Défenſe de la Religion, trad. de l'Anglois de M. Gilb. Burnet. *La Haye 1738. 6 v. 8. v. b.*

3 49 Le Myſtere d'Infidélité commencé par Judas Iſcarioth, &c. par Pompée de Ribemont. *Châl. 1614. in 8. v. b.*

1 · 10 50 L'Impie convaincu, ou Diſſertation contre B. Spinoſa. *Amſt. 1684. in 8. vel.*

1 · 10 51 De l'Incrédulité, par M. le Clerc. *Amſt. 1714. in 8. vel.*

52 Théologie Physique, par Guillaume Derham, trad. de l'Anglois par Jacq. Lufneu. *Par. 1732.* *in 8. v. b.*

53 Le Convertiffeur fans Dragons. *Rott.* 1688. 1·16 *in 16. m. r. l. r.*

54 Le Tombeau du Socinianifme. *Francf.* 1687. 1·16 *in 12.*

55 De l'Exiftence de Dieu, par Sam. Clarck. trad. de l'Anglois par M. Ricotier. *Amft. 1717. 2 v.* *in 12. v. b.* 3·12

56 Les Entretiens des Voyageurs fur la Mer. *Colog.* 1725. 4 vol. *in 12. fig. v. b.* 10

57 Apologie des Jugemens rendus en France contre le Schifme. 1752. 3 vol. *in 12. v. f.* 8·

58 L'Alcoran de Mahomet, traduit par André Durier. *Amft.* 1734. *in 12. v. m.* 3·12

59 La Religion du Médecin, par Th. Brown. 1668. *in 12. v. b.* 3

60 Difcours fur la Liberté de Penfer, trad. de l'Angl. *Lond.* 1717. *in 12. v. b.* 6

61 La Frip. Laïque des Prétendus Efprits-forts d'Anglet. ou Remarques de Phileleuthere de Leipfick, fur la Liberté de Penfer, traduit de l'Anglois, par M. N. N. *Amft.* 1738. 2 vol. *in 12. v. m.* 10

62 Lettres de V... *Rouen* 1734. *in 12. v. b.* 2·8

62 * Réponfe ou Critique des Lettres de V... par le R. P. D. P. B*** *Bafle* 1735. *in 12.* *v. b.* 3

63 Lettres fur la R... *Amflerd.* 1738. 2 tom. en 1 vol. *in 12. v. m.* 3

64 Lettres fur les Vrais Principes de la Religion, où l'on examine un Livre intitulé, La Religion effentielle à l'Homme. *Amft.* 1741. 2. vol. *in 12. v. m.* 8

7 · 4 65 Réflexions Curieuses d'un Esprit désintéressé
sur les Matieres les plus importantes au Salut,
par B. S. . *Colog.* 1638. *in* 12. *m. v.*

5 65 * Le même, *in* 12. *v. f.*

12 66 Réfutation des Erreurs de Spinosa. *Bruxelle.*
1731. *in* 12. *v. m.*

6 67 Maniere de P... *Amst.* 1743. *in* 16. *

18 68 Jani Julii Eoganelii (Joan. Tolandi) Pan-
theïsticon, seu formula celebrandæ sodalitatis
Socraticæ, in tres Partes divisa ; quæ Pan-
theïstarum seu sodalium continent mores &
axiomata, numen & Philosophiam, Liberta-
tem & non fallentem Legem neque fallendam ;
accedunt diatriba de antiquis & novis erudi-
torum sodalitatibus, ut & de universo infinito
& æterno, & Dissertatiuncula de duplici Pan-
theïstarum philosophia sequenda, ac de Viri
optimi & ornatissimi idea. *Cosmop.* (*Lond.*)
1720. *in* 8. *m. r.*

J U R I S P R U D E N C E.

4 · 10 69 Epistolæ Rom. Pontificum, & quæ ad eos
scriptæ sunt à S. Clemente ad Innocentium III.
studio Pet. Coustant. *Paris.* 1721. *fol. Tom.* 1.
ab anno 440. *v. b.*

5 70 Innocentii III. Epistolæ, edente Steph. Ba-
luzio. *Paris.* 1682. 2 *vol. fol. v. b.*

8 71 Traité de l'autorité du Pape. *La Haye.* 1720.
4 *tom. en* 3 *vol. in-*12. *

3 · 12 72 Taxe de la Chancellerie. 1744. *in-*12. *

2 · 8 73 Hipparque du Religieux Marchand, par René
de la Vallée. 1645. *in-*8. *vel.*

73 * La Monarchie des Solipfes de Melchior 2
Inchofer. *Amft.* 1743. *in-12. v. m.*

74 Regulæ Societatis Jefu. *Lugd.* 1607. *in-12.* 3
v. b.

75 Jubileum five fpeculum J..... anno 1643. 3
in-16. vel.

76 Traité de Morale. *Mons.* 1669. 3 *vol. in-12.* 6
v. b.

77 Apologie pour la doctrine des Jéfuites. *Liege.* 1. 4
1703. *in-12. v. b.*

78 La Morale. 1683. 8 *vol. in-12.* 18

79 Recueil de Pieces. 1582. *in-12. v. b.* 3

79 * *Idem.* 1675. *in-12. vel.* 3

80 Factum pour les Religieufes de Sainte-Cathe-
rine-les Provins. *Doregnal.* 1679. *in-12.* 4

80 *Toilette de M. l'Archevêque de Sens, ou Ré-
ponfe au Factum des Filles de Sainte-Cathe-
rine les-Provins. 1669. *in 12. v. f.*

81 Hiftoire du Droit public Eccléfiaftique Franç. 10
par M. D. B. *Lond.* 2 *vol. in-4. v. m. double.*
2 *vol. in-12. br.*

82 Les Pouvoirs légitimes du premier & du Se- 6
cond Ordre. *En France.* 1744. *in-4. v. m.*

83 Traité du pouvoir de l'Eglife & des Princes 3
fur les empêchemens du mariage, par Abr.
Gerbais. *Paris.* 1690. *in-4. v. b.*

84 L'Efprit des Loix, par M. de Montefquieu. 7 4
Geneve. 1749. 2 *vol. in-4. v. m.*

84 * Le même. *Paris.* 1751. 3 *vol. in-12. v. m.* 4 10

85 L'Ambaffadeur & fes fonctions , par Abr. 3 12
Wicquefort. *Colog.* 1690. 2 *vol. in-4. v. b.*

86 Hiftoire des Traités de Paix & autres Négo- 24
ciations du XVIIe fiécle , depuis la Paix de
Vervins jufqu'à la Paix de Nimegue, par J.
Dumont. *Amft.* 1725. 2 *vol. fol. v. b.*

87 Hiftoire des Guerres & des Négociations qui précéderent le Traité de Weftphalie, par le P. Bougeant. *Paris.* 1727. 2 *vol. in-*12. *v. b.*

88 Lettres, Mémoires & Négociations de M. le Comte d'Eftrade. *Lond.* (*Hollande*) 1743. 10 *vol. in-*12. *v. m.*

89 Ant. Perezii Codicis Juftiniani. *Amft. Elzev.* 1671. 2 *vol. in-*4. *v. b.*

90 Code de la Voyerie. *Paris.* 1753 2 *vol. in-*12.

91 Conférences des Ordonnances de Louis XIV par Ph. Bornier. *Paris.* 1755. 2 *vol. in-*4. *v. m.*

92 Ordonnances du Roi concernant l'Infanterie Françoife, avec des Remarques; par M. de Rochefort. *Lauf.* 1746. 2 *tom. en* 1 *vol. in* 12.

93 La Coutume de Paris, par M. Cl. de Ferriere. *Paris.* 1692. 3 *vol. in-fol. v. b.*

94 Nouveau Commentaire fur la Coutume de Paris, par M. Cl. de Ferriere. *Paris.* 1708. 2 *vol. in* 12.

94 * Le même. 1751. 2 *vol. in* 12. *v. m.*

95 Les Œuvres de Me Jean Bacquet, augmentées par Ferriere. *Lyon.* 1744. 2 *vol. fol. v. m.*

96 Dictionnaire de Droit & de Pratique, par M. de Ferriere. *Paris* 1755. 2 *vol. in-*4. *v. m.*

97 Traités des Monnoyes, par M. Poullain. *Paris,* 1709. *in-*12. *m. r.*

SCIENCES ET ARTS.

PHILOSOPHIE.

98 Histoire Critique de la Philosophie Payenne, par M. Deslandes. *Amst.* 1756. 4 *vol. in-12.* *   8

99 La Philosophie applicable à tous les objets de l'esprit & de la raison, par M. l'Abbé Terrasson. *Paris.* 1754. *in-12.* *   2

100 Philosophia ad usum Scholæ accommodata, Auctore M. Guill. Dagoumer. *Lugd.* 1757. 6 *vol. in-12. v. b.*   10 · 9

101 Œuvres de Platon trad. en Franç. avec des Remarques, par M. Dacier. *Paris.* 1701. 2 *vol. in-12. v. m.*   7 · 4

102 La Vie de Socrate, par M. Charpentier. *Amst.* 1699. *in-12. v. b.*   1 · 16

103 L. Annæi Senecæ Philosophi Opera, omnia ex emend. Lipsii & J. F. Gronovii. *Amsterd. Elzev.* 1659. 4 *vol. in-12. v. b.*   8

104 Recueil de diverses Pieces sur la Philosophie, la Religion naturelle, l'Histoire, les Mathématiques, &c. par Mrs Leibnitz, Clarke, Newton & autres. *Amst.* 1720. 2 *vol. in-12.*   4

105 Grammaire des Sciences Philosophiques, ou Analyse abregée de la Philosophe. Trad. de l'Angl. de Benj. Martin. *Paris.* 1749. *in 12.* *   4 · 10

106 Dictionnaire Philosophique portatif, ou Introd. à la connoissance de l'homme. *Lyon.* 1756. *in-8. v. m.*   2 · 10

Traités de Morale, des Vertus & des Vices.

107 Reflexions morales de l'Empereur Marc   10

Antonin., avec des Remarques. *Paris.* 1691.
2 *vol. in-*12. *v. f.*

7 · 4 108 De la Sagesse, par Pierre Charron. *Amst.
Elzev.* 1662. *in-*12. *m, r,*

1 · 16 109 Reflexions, Sentences & Maximes morales,
avec des notes ; par Amelot de la Houssaye.
Paris. 1743. *in-*12. *v. b.*

3 110 Les Caracteres de Théophraste , par M. de
la Bruyere, avec la clef en marge. *Paris.* 1697.
2 *vol. in-*12. *v. b. double.*

2 111 Les Caracteres , par Madame de Puisieux.
Lond. 1750. *in-*12. *.

14 111 Le Spectateur, ou le Socrate moderne, par
Rich. Steele & autres , Traduct. *Paris.* 1755.
*vol. in-*4. *v. m.*

14 112 * Le même. 1755. 9 *vol. in-*12. *v. m.*

7 4 113 Bibliotheque des Dames , écrite par une Da-
me, & publiée par M. le Chevalier R. Steele.
Amst. 1727. 3 *vol. in-*12. *v. f.*

1 · 16 114 Traité de l'Amitié, par M. de Sacy. *Paris.*
1722. *in* 12. *.

1 · 16 115 Traité de la Gloire, par le même ; avec une
Dissertation de M. du Rondet. *La Haye.* (*Paris*)
1745. *in-*12. *

Œconomie & Politique.

2 · 12 116 De l'Education des Enfans, trad. de l'Angl. de
M. Locke ; par Coste. *Lausanne.* 1746. 2 *vol.* *

8 117 Institution d'un Prince, par J. Jos. M. Duguet.
Lond. 1739. *in-*4. *v. b.*

6 118. Le Philosophe Chrétien , par M. Formey.
Leyde. 1755. 3 *vol. in-*12. *v. m.*

3 119 Philosophie morale réduite à ses principes ;
ou Essais de M. S * * *. sur le mérite & la vertu.

Venise. (*Paris*) 1751. *in*-12. *

120 Politique tirée de l'Ecriture Sainte, Ouvrage 5
posthume de M. J. B. Bossuet. *Paris.* 1709. *in* 4.

121 Œuvres de Machiavel. *La Haye.* 1743. *in*-13·4
12. 6 *vol. v. b.*

122 Tibere, Discours politique sur Tacite, du 3
sieur de la Mothe-Josseval d'Aronsel. *Amst.*
1683. *in*-4. *v. b.*

122* Testament Politique du Cardinal Alberoni. 2·10
Paris. 1753. *in* 12. *

123 Dictionnaire universel du Commerce, par 18
J. Savary. *Paris·* 1723. 2 *vol. fol. v. b.*

124 Remarques sur les avantages & les desavan- 2·8
tages de la France & de la Grande-Bretagne par
rapport au Commerce, trad. de l'Anglois du
Chev. John. Nickolls. *Leyde.* (*Paris.*) 1754·
in-12. *

Métaphysique.

125 De la Recherche de la Vérité, par N. Male- 3
branche. *Par.* 1721. 2 *tom. en 2 vol. in*-4. *v. b.*

125* Le même. *Paris.* 1749. 4 *vol. in*-12. *v. m.* 7·4

126 La Philosophie du bon sens, par le Marquis 5·8
d'Argens. *La Haye.* (*Paris*) 1755. 3 *v. in*-12. *

127 Essais Philosophiques concernant l'entende- 8
ment humain, par M. Locke; trad. de l'Angl.
par M. Coste. *Amst.* (*Paris*) 1751. 4 *vol. in*-12.

128 Abregé de l'Essai de M. Locke sur l'entende- 1·16
ment humain, trad. de l'Angl. par M. Bosset.
Lond. 1741. *in*-12.

129 Essais sur l'Homme, par M. Pope; trad. de 1·16
l'Angl. en Franç. *Lond.* 1736. *in*-12. *

130 La Fable des Abeilles, ou les Fripons deve- 7·4
nus honnêtes gens, trad. de l'Angl. *Londres.*
1740. 4 *tom. en 3 vol. in*-12. *v. b.*

3   131 Nouveau syſtême de Philoſophie, auquel on a joint un Traité de la nature de l'ame & de l'exiſtence de Dieu. *Paris.* 1728. 2 *vol. in-*12.

4 . 16 132 Hiſtoire naturelle de L. . . . trad. de l'Angl. de M. Charp. Par M. H***. *La Haye.* 1745. *in*-8.

1   133 La Métaphyſique, qui contient l'Ontologie, la Théologie naturelle, & la Pneumatologie. *Paris.* 1753 *in*-12. *v. m.*

2 . 8 134 Venus, Phyſique. 1751. *in*-12. *.

4   135 Penſ. P. *La Haye.* 1745. *in*-12. *v. m.*

14 136 Œuvres Philoſophiques, de M. D. L. M. *Londres.* 1751. *in*-4. *v. m. d. ſur tr.*

6   137 Penſées diverſes à l'occaſion de la Comete qui a paru au mois de Décembre 1680. par P. Bayle. *Rott.* 1721. 4 *vol. in*-12. *v. f.*

Traité des Eſprits & de leurs opérations.

2 . 10 138 L'Incrédulité & meſcréance du Sortilege, par P. de l'Ancre. *Paris.* 1722. *in*-4.

8   139 Le monde enchanté, par Balthazard Bekker. *Amſt.* 1694. 4 *vol. in*-12. *vel. doub. v. m.*

2   140 Traité hiſtorique des Dieux & des Démons du Paganiſme, avec des Remarques critiques ſur le ſyſtême de M. Bekker ; par Benjamin Binet. *Delff.* 1696. *in*-12. *v. b.*

8   141 Henri Corneille Agrippa. Sur la nobleſſe & excellence du ſexe féminin, de ſa prééminence ſur l'autre ſexe, & du Sacrement du Mariage ; avec le Traité ſur l'incertitude auſſi bien que de la vanité des Sciences & des Arts. Ouvrage joli, & d'une lecture toute à fait agréable. Trad. par P. de Gueudeville. *Leide.* 1726. 3 *vol. in*-12. *v. f.*

3   142 Hiſtoire des Diables de Loudun. *Amſterd.* 1716. *in*-12. *v. b.*

143 La Magie naturelle, ou Mêlange divertiffant, contenant des fecrets merveilleux & de tours plaifans. *Amft.* 1715. *in*-12. *v. f.*   1 · 10

144 Hiftoire de Jean Faufte, grand & horrible Enchanteur, avec fa mort épouvantable. *Rouen.* 1667. *in*-12. *vel.*   1 · 10

Phyfique.

145 L'Origine ancienne de Phyfique Nouvelle, par le P. Regnault. *Par.* 1734. 3 *vol. in* 12.   4 · 10

146 Expériences de Phyfique, par M. Poliniere. *Par.* 1734. 2 *vol. in* 12. *v. m.*   2 · 10

147 Leçons de Phyfique, par J. Privat de Molieres. *Par.* 1734. 3 *vol. in* 12. *v. b.*   3

148 Leçons de Phyfique Experimentale, par M. l'Ab. Nollet. *Par.* 1743. 4 *vol. in* 12. *fig. v. m.*   9

149 Le même. 1745. 4 *vol. in* 12. *fig.* *   12

150 Effay fur l'Electricité des Corps, par M. l'Ab. Nollet. *Par.* 1754. *in* 12. *   2 · 10

151 Recherches fur les Caufes Particulieres des Phénomenes Electriques par M. l'Abbé Nollet. *Par.* 1754. *in* 12. *   3

152 Lettres fur l'Electricité, par le même. *Par.* 1753. *in* 12. *   2 · 10

153 Expériences & Obfervations fur l'Electricité, par Benjam. Franklin. *Par.* 1752. *in* 12. *   2 · 10

Hiftoire Naturelle.

153 * Hift. du Monde de C. Pline, Traduct. d'Ant. du Pinet. *Lyon.* 1566. 2 *vol. in fol. m. r.*   8

154 Le Spectacle de la Nature, par M. N. Pluche. *Paris* 1735. 4 *vol. in* 12. *fig. v. b.*   10

155 Lettres à un Amériquain fur l'Hiftoire Naturelle, Générale & Particuliere de M. de Buffon. *Hamb.* 1751. 5 *vol. in* 12. *   8

156 Anf. Boetii de Boot Hiftoria Gemmarum & Lapidum cum comm. ad Tollii. . . . Joan. de Laet de Gemmis & Lapidibus Libri duo. *Lugd. Bat.* 1747. *in 8. v. b.*

157 Dictionnaire Œconomique, par M: Noël Chomel. *Paris* 1740. 4 *vol. in fol. v. m. doub.*

158 Inftruction pour les Jardins Fruitiers & Potagers, par M. J. de la Quintinie. *Par.* 1697. *in 4. 2 vol. fig. v. b.*

159 La Théorie & Pratique du Jardinage, par Dezallier d'Argenville. *Paris* 1732. *in 4. fig.*

160 Commentaires de M. Pierre Matthiole, mis en Franç. fur la dern. Edit. Latine, par M. Jean des Moulins : les Plantes font enluminées au naturel. *Lyon.* 1578. *in fol. v. b.*

161 Jof. Pitton Tournefort Inftitutiones rei Herbariæ. *Parif. è Typ. Reg.* 1700. *3 vol. in 4. v. b.*

162 Elémens de Botanique, ou Méthode pour connoître les Plantes, par le même. *Par. Imp. Royale* 1694. *3 vol. in 8. fig.*

163 Botanicon Parifienfe, ou Dénombrement par Ordre Alphabetique, des Plantes qui fe trouvent aux environs de Paris, par Sebaftien Vaillant, enrichi de plus de 300 fig. deffinées par Cl. Aubriet. *Leide & Amft.* 1727. *in fol. gr. pap. en blanc.*

164 Hiftoire Naturelle des Oyfeaux, ornée de 306 Eftampes, gravées par Eleazar Albin, avec des Notes, par W. Derham. *La Haye.* 1750. *3 vol. in 4.* *

165 Henr. Ruyfch, Theatrum Univerf. omnium Animalium, Pifcium, Avium, Quadrupedum, Exanguium, Aquaticorum, Infectorum & Anguium. CCLX. Tabulis ornatum. *Amft.* 1718. *2 vol. fol. fig. v. b.*

166 Mémoires pour servir à l'Histoire des Infectes, par M. R. Ant. de Reaumur. *Paris.* 1734 64 & *suiv. 6 vol. in* 4. *fig.* *

Médecine, Chirurgie, Pharmacie, &c.

167 Tableau de l'Amour Conjugal, par Nic. Venette. *Paris.* 1751. 2 *vol. in* 12. *fig. v. m.* 4

168 L'Art de Conferver la Santé des Perfonnes Valétudinaires, trad. du Lat. de M. Georg. Cheyne. *Par.* 1755. *in* 12. * 1 10

169 Aphorifme de M. Herman Boerhaave. *Par.* 1745. *in* 12. * 2 10

170 Amilec. 1753. *in* 12. 1 16

171 Anatomie du Corps Humain, établie fur les Découvertes des Anatomiftes Modernes. *Leide* 1755. 2 *vol. in* 4. *fig. v. m.* 12

172 Traité des Maladies des Femmes Groffes, par M. Fr. Mauriceau. *Par.* 1740. 2 *vol* 4. *v. m.* 10

173 Hiftoire Générale des Drogues, par Pierre Pomet, avec les Plantes enluminées au naturel. *Par.* 1694. *in fol.* 15

174 Dictionnaire des Drogues fimples, par Nic. Lemery. *Amft.* 1716. *in* 4. *v. b.* 15

174 * Dictionnaire Univerfel des Drogues fimp. par le même. *Par.* 1733. *in* 4. *fig.* * 21

175 Pharmacopée Univerfelle, par le même. *Paris.* 1738. *in* 4. * 18

176 Dictionnaire Botanique & Pharmaceutique. *Par.* 1748. *in* 8. *v. m.* 4

177 Empirie & Secrets du S. Alexis Piémontois. *Lyon.* 1564. 2 *vol. in* 18. 2 8

178 Raymondi Lullii Opera. *Argent.* 1651. *in* 8. 4 10

179 Le Comte de Gabalis, ou Entretiens fur les Sciences Secretes. *Amft.* 1705. 2 *vol. in* 12. *v. f.* 3

Mathématiques.

180 Elémens de Mathématiques, de Varignon. *Amft.* 1734. *in* 4. *v. m.*

181 Abregé des Elémens de Mathématiques, par M. Rivard. *Par.* 1757. *in* 8. *v. m.*

182 Œuvres d'Edme Mariotte. *La Haye.* 1740. 2 *vol. in* 4. *v. m.*

183 Mémoires fur Différens Sujets de Mathématiques, par M. Didrot. *Par.* 1748. *in* 8. *v. m.*

184 Dictionnaire Mathématique, par M. J. Ozanam. *Par.* 1691. *in* 4. *v. b.*

185 Traité de la Conftruction & des Principaux Ufages des Inftrumens de Mathématique, par M. N. Bion. *Par.* 1725. *in* 4. *fig. v. b.*

186 Œuvres de M. de Maupertuis. *Lyon.* 1756. 4 *vol. in* 8. *v. m.*

187 Lettres fur le Progrès des Sciences, par le même. *Paris* 1752. *in* 12. *

188 Dictionnaire de Marine. *Amft.* 1702. *in* 4. *fig. v. b.*

189 Curiofités inouies fur la Sculpture Talifmanique des Perfonnes, &c. par Gaffarel. *Paris.* 1629. *in* 8. *

190 Les Vraies Centuries & Prophéties de Michel Noftradamus, avec la Vie de l'Auteur. *Colog.* 1689. *in* 12. *v. b.*

Arts. Traités généraux concernant les Arts & Metiers.

191 Encyclopédie, ou Dictionnaire raifonné des Sciences, des Arts & des Metiers; par Mrs Diderot & d'Alembert. *Paris.* 1751. 6 *vol.*

vol. *in - fol.* avec la Souscription. *v. m.*

192 L'Art de la Peinture, de Ch. Alph. du Fref-   3 · 10
noy. *Paris.* 1684. *in · 12. v. m.*

193 Cours de Peintures par principes, composé   2 · 10
par M. R. de Piles. *Paris.* 1708. *in-12. fig.*

194 Traité de la Peinture & de la Sculpture   6
par Richardson pere & fils. *Amst.* 1728. 3 *vol.*
in-8. v. m.

195 Nouveau Système de l'Univers, sous le titre   6
de Chroa-Genesie, ou génération des couleurs.
Par M. Gautier. *Paris.* 1750. 2 *vol. v. m.*

196 Architecture de Palladio, avec des notes   36
de D. Inigo Jones. *La Haye.* 1720. *in-fol. fig.*
gr. p. v. f.

197 Architecture de M. le Pautre. *Paris. in-fol.*   8
fig. v. m.

198 Principes de l'Architecture, de la Sculpture   8
& de la Peinture ; avec un Dictionnaire des
termes propres à chacun de ces Arts. Par M.
Felibien. *Paris.* 1697. *in-4. fig. v. m.*

199 Cabinet des singularités d'Architecture,   6
Peinture, Sculpture & Gravûre. Par Fl. le
Comte. *Paris.* 1699. 3 *vol. in* 12. *v. b.*

200 Les Ruses de Guerre de Polyen, avec les   3 · 12
Stratagêmes de Frontin. *Paris.* 1739. 2 *vol. in-*
12. *v. b.*

201 La Science Militaire ; par M. Bardet de Vil-   10
leneuve. *La Haye.* 1740. 5 *tom. en* 4 *vol. en-8.*
fig. v. b.

202 La connoissance parfaite des Chevaux. *Paris.*   2 · 10
1730. *in-8. fig.*

203 Le Manuel du Cavalier ; trad. de l'Angl. du   1
Capitaine Burdon. *Paris.* 1737. *in-12.*

204 L'Art de la Verrerie. Par M. Haudicquer de   3
Blancourt. *Paris.* 1697. *in-12. fig.*

205 Nobilità di Dame del Sr Fabritio Carofo da Sermoneta. *Venet.* 1605. *in-4. fig. v. f.*

206 Académie univerfelle des Jeux. *Paris.* 1730. *in-12. v. b.*

BELLES-LETTRES,

Grammaires & Dictionnaires.

207 Sancti Pagnini Thefaurus Linguæ Sanctæ, feu Lexicon Hebraïcum, ex recognit. J. Merceri. *Genevæ.* 1614. *in fol.*

208 Dictionnaire étymologique de la Langue Françoife par M. Menage. *Paris.* 1750. 2. *vol. in fol.* *

209 Dictionnaire univerfel, François & Latin, (vulgairement appellé le Dictionnaire de Trevoux.) *Paris.* 1752. 7. *vol. in fol.* *

210 Remarques fur la Langue Françoife, par le P. Bouhours. *Paris.* 1746. 2. *vol. in* 12.

211 Projet pour perfectionner l'ortographe des Langues d'Europe par M. l'Abbé de S. Pierre. *Paris.* 1730. *in* 8. *

212 Dictionnaire de la Langue Françoife par Pierre Richelet. *Amft.* 1732. 2. *vol. in* 4. *en blanc.*

213 Dictionnaire portatif de Langue Françoife par Pierre Richelet. *Lyon* 1756. *in* 8. *v. m.*

214 Dictionnaire de la Langue Françoife ancienne & moderne de Pierre Richelet, nouv. édit. augmenté d'un grand nombre d'Articles. *Lyon.* 1758. 3 *vol. in fol. v. m. doub. en blanc.*

215 Dictionnaire univerfel contenant les mots

François tant vieux que modernes, & les termes de toutes les Sciences & Arts, par Ant. Furetiere. *La Haye.* 1690. 3 *vol. in* 4. *v b.*

216 Cours de Belles-Lettres par M. le Batteux. *Paris.* 1747. 4 *vol. in* 12. *v. m.*   6

217 Synonimes François par l'Abbé Girard. *Paris.* 1736. *in* 12. *v. b.*   1 · 16

218 Essai de Rhétorique Françoise à l'usage des jeunes Demoiselles. *Paris.* 1746. *in* 12. *v. m.*   1 · 16

219 Vocabulaire universel Latin-François, François-Latin. *Paris.* 1754. *in* 8. *v. m.*   3 · 12

220 Dictionnaire nouveau des Langues Françoise & Espagnole, par Fr. Sobrino. *Brux.* 1744. 2 *vol. in* 4. *v. m.*   20

221 Dictionnaire François-Anglois & Anglois-François, par M. Boyer. *Lyon.* 1756. 2 *vol. in* 4. *v. m.*   24

222 Dictionnaire Flamand & François, François & Flamand, par Halma. *Amst.* 1733. 2 *vol. in* 4.   21

223 Panégyrique de Trajan par Pline le jeune, traduit par M. de Sacy. *Paris.* 1722. *in* 12.*   1 · 16

Poëtes Grecs.

224 La Poëtique d'Aristote trad. en franç. avec des Remarq. *Paris.* 1692. *in* 4. *v. b.*   3

225 L'Iliade & l'Odissée d'Homere avec des Remarques par Mad. Dacier, enrichies de figures par Picart le Romain. *Amst.* 1731. 7 *vol. in* 12. *v. f.*   27

226 Les Poësies d'Anacreon & de Sapho, trad. en franç. par Mad. Dacier. *Amst.* 1716. *in* 8. *v. m.*   2

227 Le Théâtre des Grecs par le R. P. Brumoy.   13 · 4

de la Compaguie de Jesus. *Paris.* 1749. 6 *vol. in* 12. *

Poëtes Latins.

21   228 Pub. Terentii Afri Comediæ sex ad optimorum exemplarium fidem recensitæ. *Lut. Parif.* 1753. 2 *vol. in* 12. *fig. m. r. pap. d'Holl.*

12   228 * Iidem 1753. 2 *vol. in* 12. *fig. v. m.*

8   229 Les Comédies de Terence avec la Traduction & les Remarques de Mad. Dacier. *Amfl.* 1747. 3 *vol. in* 12. *fig. v. m.*

3 · 12   230 Les œuvres de Lucrece trad. en franç. avec des Remarques, par le Baron de Coutures, avec l'original Latin, & la vie de Lucrece. *Paris.* 1692. 2 *vol. in* 12. *v. m.*

27   231 Les Poéfies d'Horace par le R. P. Sanadon. *Paris.* 1728. 2 *vol. in* 4. *g. p. v. m.*

12   232 Les œuvres d'Ovide de la traduction de M. de Matignac. *Lyon,* 1697. 9 *vol. in* 12. *v. b.*

6   233 Metamorphofes d'Ovides en rondeaux enrichis de figures, gravées par le Clerc & autres habiles Maîtres. *Paris. Imprim. Royale.* 1676. *in* 4,

2 · 10   234 Pervigilium Veneris, cum notis variorum. *Hagæ Com.* 1712. *in* 8. *v. m.*

2 · 10   235 Antonius de Arena, Provincialis, de Bragardiffima villa de Soleriis ; ad fuos compagnones, qui funt de perfona friantes, Baffas danfas, & branlos practicantes, nouvellos per quam plurimos mandat. *Londini.* 1758. *in* 12. *

2 · 10   236 Mich. Hofpitalii Galliarum Cancellarii Carmina. *Amflel.* 1732. *in* 8. *v. m.*

2   237 Phædri Fabulæ. *Parif. Couftelier.* 1742. *in* 12. *v. m.*

7 · 10   238 L'Anti-Lucrece, Poëme fur la Religion na

turelle, composé par M. le Cardinal de Polignac, trad. par M. de Bougainville. *Paris.* 1749. 2 *vol. in* 8. *

239 Opus Merlini Cocaii (Th. Folengii) Macaronicorum. *Venet.* 1513. *in* 12.

240 Histoire Maccaronique de Merlin Coccaie, Prototype de Rablais, avec l'horrible bataille des mouches & des fourmis. 1734. 2. *vol. in* 12. *v. f.*

241 Jac. Vanierii Prædium Rusticum. *Parif.* 1756. *in* 12. *fig. v. b.*

Poëtes François.

242 Les œuvres de François Villon, revûes & remifes en leur entier par Cl. Marot. *Paris. Galiot du Pré.* 1533. *in* 18. *v. f.*

243. Œuvres de Clement Marot, *La Haye.* 1714. 2 *vol. in* 12. *v. b.*

243 * Les mêmes. *La Haye.* 1731. 6 *vol. in* 12. *v. b.*

244 Œuvres de Regnier. *Lond.* (*Paris.*) 1746. 2 *vol. in* 12. *

245 Satyres & autres œuvres de Regnier avec des cadres rouges, & des vignettes gravées par Cochin, Cars, & autres. *Londres.* 1734. *in* 4. *Imp. fur Papier d'Hollande. G. P. en blanc.*

246 Poëfies de Malherbe. *Paris.* 1757. *in* 8. *

247 Œuvres de Nic. Boileau Defpreaux, avec des éclairciffemens donnés par lui-même, enrichies de figures gravées par Picart. *La Haye.* 1718. 2 *vol. in fol. G. P. en blanc.*

247 * Les mêmes, enrichies de figures gravées par B. Picart. *La Haye.* 1722. 4 *vol. in* 12. *v. b.*

248 Fables nouvelles par M. de la Motte, enrichies de figures deſſinées par Coypel & autres habiles Maîtres, & gravées par Tardieu, Cochin & autres. *Paris.* 1719. *in* 4. *v. b*

249 Recueil de Poëſies diverſes par le R. P. du Cerceau *Paris.* 1742. 2 *vol. in* 12. *v. m.*

250 Œuvres diverſes de M. Rouſſeau. *Amſterd.* 1729. 3 *vol. in* 12. *v. f.*

250 * Anti-Rouſſeau par le Poëte ſans fard. *Rotterd.* 1712. *in* 12. *v. b.*

251 Œuvres de M. Rouſſeau. *Amſt.* 1734. 5. *vol. in* 12. *v. m.*

251 * Les mêmes, *Lond.* (*Paris.*) 1753. 4 *vol. in* 12. *v. m.*

252 Pieces dérobées à un ami, par M. l'Abbé d'Atagnan. *Amſt.* (*Paris.*) 1750. 2 *vol. in* 12. *

253 La Henriade traveſtie en vers burleſques, par M. de Monbrun. *Berlin.* 1745. *in* 12. *v. f.*

254 Recueil A. *Fontenoy.* 1745. *in* 12. *v. f.*

255 Le Cabinet ou Recueil de Vers des ſieurs de Sigognes, Regnier, Motin, Berthelot, Maynard, & autres des plus ſignalés Poëtes. *Au Mont Parnaſſe.* 2 *tom. en* 1 *vol. in* 8. *v. b.*

256. Le Parnaſſe de Theophile. 1627. *in* 12. *vel.*

256 * La Chronique ſcandaleuſe, ou Paris ridicule. *in* 4. *mſſ,* *

257 La Pipe caſſée... Le Pot de chambre caſſé. *in* 8. *

258 Dubbii Amoroſi Altri dubbii e Sonetti Luſſuriori di Pietro Aretino. *Nella Stamperio del fornó. in* 18. *pap. d'Holl. v. m.*

259 Le Paradis perdu de Milton, trad. de l'Angl. avec des Remarques de M. Addiſſon. *Paris.* 1743. 3 *vol. in* 12.

259 * Le même 1753. 4 *vol. in* 12, *v. m.*

Poëtes-Dramatiques.

260 Dictionnaire des Théâtres de Paris, conte-
nant toutes les Pieces qui ont été représentées 21
jusqu'à présent sur les différens Théâtres. *Pa-
ris.* 1756. 7 *vol. in* 1 2. *

261 Histoire du Théâtre François depuis son ori- 77
gine jusqu'à présent, par M. Parfait. *Paris.* 1745.
1 5 *vol. in* 1 2. *

261* Œuvres de P. &T. Corneille. *Paris.* 1748. 14
1 1 *vol. in-*1 2.

262 Le Théâtre de Quinault. *Paris.* 1739. 5 *vol.* 10
in 12. *

263 Oeuvres de M. Ph. Poiſſon. *Paris.* 1743. 2 4
vol. in 1 2. *

264 Théâtre de Bourſault. *Paris.* 1746. 3 *vol. in* 6
1 2. *

265 Théâtre de Montfleury pere & fils. *Paris.* 6
1739. *in* 1 2. 3. *vol. v. b.*

266 Oeuvres de M. Racine. *Paris.* 1755. 3 *vol.* 5
in 1 2. *v. m.*

267 Théâtre de M. le Grand. *Paris.* 1742. 4 *vol.* 7 · 9
in 1 2. *v. b.*

268 Les œuvres de M. de Champmeſlé. *Paris.* 4
2 *vol in* 1 2. *

269 Oeuvres de Théâtre de M. Delaunay. *Paris.* 2 · 8
1741. *in* 1 2. *

270 Oeuvres de M. Pradon. *Paris.* 1746. 2. *vol.* 3 · 12
in 1 2. *

271 Théâtre de la Font. *Paris.* 1746. *in* 12. * 1 · 16
272 Théâtre de la Thuillerie. *Amſterd.* (*Paris.*) 1 · 16
1745. *in* 12. *

273 Œuvres de M. Dancour. *Paris.* 1729. 8 *vol.* 12
in 12. *fig. v. b.*

274 Oeuvres de M. Autreau. *Paris.* 1749. 4 *vol.* 8
in 1 2. *

6 275 Oeuvres de M. Campiſtron. *Paris.* 1750. 3 vol. *in* 1 2. *

4 276 Recueil des Pieces miſes au Théâtre François par M. le Sage. *Paris.* 1739. 2 vol. *in*12. *

4 277 Théâtre de M. Baron. *Paris.* 1742. 2. vol. *in* 1 2. *

5 278 Oeuvres de Théâtre de M: de Bruys. *Paris.* 1735. 3 vol. *in* 1 2. v. m.

7 279 Oeuvres de Palaprat. *Paris.* 1735. *in* 1 2. v. m.

4 280 Les œuvres de la Foſſe. *Paris.* 1747. 2 vol. *in* 12. *

1 . 8 281 Théâtre de M. de la Grange. *Paris.* 1758. *in* 1 2. *

6 282 Oeuvres de M. la Grange-Chancel. *Paris.* 1742. 3 vol. *in* 12. *

12 283 Oeuvres de Théâtre de M. Deſtouches. *Paris.* 1745. 5 tom. en 6 vol. *in* 12. *

21 284 Oeuvres de M. Houdar de la Mothe. *Paris.* 1754. 10 *tom. en* 11 vol. v. f.

2 285 Théâtre de Mademoiſelle Barbier. *Paris.* 1745. *in* 1 2. *

2 . 10 286 Théâtre de M. Laffichard. *Paris.* 1746. *in* 8. v. m.

4 287 Oeuvres de M. Boindin. *Paris.* 1753. 2 vol. *in* 1 2. *

3 . 12 288 Théâtre de M. Guyot de Merville. *Paris.* 1742. *in* 8. *.

12 289 Choix de différentes Pieces nouvelles repréſentées aux Théâtres. *Paris.* 1751. 5 vol. *in* 12. *

18 290 Nouveau Théâtre François. *Paris.* 1740. 6. vol. *in* 8. *

3 291 Théâtre de M. Peſſelier. *Paris.* 1740. *in* 8. *

1 . 8 292 Oeuvres de Théâtre de M. . . . . . *Paris.* 1753. *in* 1 2, *

293 Théâtre François, ou Recueil des meilleures Pieces de Théâtre. *Paris* 1737. 12 *vol. in* 12. * 24

294 Oeuvres de Théâtre de M. de Saint-Foix. *Paris.* 1748. 2. *vol. in* 12. * *doub. v. m.* 4-10

295 Théâtre de M. Aviſſe, contenant ſes comé- 3 dies. *Paris.* 1758. *in* 8. *

296 Le Triumvirat, ou la mort de Ciceron, Tra- 1-10 gédie par M. de Crebillon. *Paris.* 1755. *in* 12. *

297 Le Théâtre Italien de Gherardi. *Paris.* 1700. 6 *vol. in* 12. *fig.*

298 Nouveau Théâtre Italien avec la traduction Françoiſe à côté, par L. Riccoboni. *Paris.* 1733. 3. *vol. in* 12. * 33

299 Le nouveau Théâtre Italien. *Paris.* 1733. 9 *vol. in* 12. *v. b.*

300 Les Parodies du nouveau Théâtre Italien, avec les airs gravés. *Paris.* 1738. 4 *vol. in* 12. * 17

301 Recueil général des Opera. *Paris.* 1703. 16 *vol. in* 12. * 27

302 Théât. de M. Danchet. *Par.* 1751. 4 *vol.* 8. * 9

303 Tragédies-Opera de l'Abbé Metaſtaſio, par 16 M. . . . *Vienne.* (*Paris.*) 1751. 7 *vol. in* 12. *

304 Le Théâtre de la Foire ou l'Opera Comi- 21 que, par le Sage & Dorneval. *Paris.* 1737. 10 *vol. in* 12. *

305 Nouveau Recueil de Piéces, Parodies, & 12 autres repréſ. ſur le Théâtre de l'Opera Comi- que, depuis ſon établiſſement, avec les airs notés. *Paris.* 1755. 3 *vol. in* 8. *

306 Le Théâtre Danois par Louis Holberg, tra- 2-8 duit par M. G. Furſman. *Copenhague.* 1746. *in* 12. *

Mythologie, Facéties, Contes & Nouvelles.

307 Le Temple des Mufes orné de LX Tableaux deffinés & gravés par B. Picart & autres habiles Maîtres. *Amft.* 1749. *in fol. G. P. pr. épr.* *

308 Conférence de la Fable avec l'Hiftoire Sainte, par M. de Lavaur. *Paris.* 1730. 2 *vol. in* 12. *v. b.*

309 L'Afne d'or d'Apulée. *Paris.* 1745. 2 *vol. in* 12. *fig.* *

310 Oeuvres de Fr. Rabelais, avec des Remarques Hiftoriques & Critiques de M. le Duchat, nouvelle édition ornée de figures de B. Picart: *Amft.* 1741. 3. *vol. in* 4. *v. m.*

310 * Le même. 1732. 6 *vol. in* 12.

311 Le Conte du T. par le Doct. Swift. trad. de l'Anglois. *La Haye.* 1721. 2 *vol. tn* 12. *imp. fur pap. de Holl. gr. pap. v. m.*

312 Les P. du C. 1722. *in* 12. *v. m.*

313 L'Eloge de la Folie, traduit du Latin d'Erafme par M. Gueudeville. *Paris.* 1757. *in* 12. *fig. v. m.*

314 Les Etrennes de la Saint Jean. *Troyes.* 1742. *in* 12. *v. m.*

315 Les Ecoffeufes ou les œufs de Pâques. *Troyes.* 1739, *in* 12. *v. b.*

316 Le Decameron de Bocace, traduit de l'Italien en François par Ant. le Maçon. *Paris.* 1739. *in* 8. *m. r.*

317 Contes & Nouvelles de Bocace, avec des figures en taille-douce gravées par Rom. de Hooge. *Amft.* 1697. 2 *vol. in* 8. *m. c. doub. v. b.*

318 Les cent Nouvelles nouvelles, contenant

cent Hiſtoires nouveaux qui ſont moult plai-
ſans à raconter en toutes bonnes Compagnies
par maniere de joyeuſeté : *c'eſt-à-dire*, les cent
Nouvelles nouvelles, recueïllies par l'ordre
du Roi Louis XI. & réimprimées avec une Pré-
face & des figures en taille-douce gravées ſur
les deſſeins de Romain de Hooge. *Colog.* (*Holl.*)
1701. 2 *vol. in* 8. *v. f. Les figures ſont détachées.*

319 Les cent Nouvelles nouvelles. *Colog.* 1736.
2 *vol. in* 8. *fig. v. m.*

320 Contes & nouvelles de Marguerite de Valois
Reine de Navarre. *Amſt.* 1698. 2. *vol. in* 8.
fig. m. c. doub. v. f.

321 Contes & nouvelles en Vers par Jean de la
F. avec les fig. de Rom. de Hooge. *Amſterdam.*
Deshordes. 1685. 2 *vol. in* 8. *v. b. papier fort.*

322 Contes nouveaux de M. G . . . *Amſt.* 1745.
2 *tom en un vol. in* 12. *v. m.*

323 Oeuvres diverſes de M. de G . . . . *Londres.*
(*Paris.*) 4 *vol. in* 12. *

324 Les Matinées & Après-dînés de Cholieres.
Paris. 1586. 1587. 2 *vol. in* 12.

325 Nouveaux Récits, ou contes moraliſés, joint
à chacun le ſens moral, par Duroc Sort Manne.
Anvers. 1575. *in* 16.

326 Le Printems d'hyver, contenant cinq Hiſ-
toires diſcourues par cinq journées en une no-
ble Compagnie, au Château du Printems, pa
Jacq. Yver. *Paris.* 1581. *in* 16. *m. r.*

327 Les Contes & Diſcours d'Eutrapel, par N.
du Fail. 1732. 2 *vol. in* 12. *v. m.*

Romans.

328 Amours de Theagénes & Chariclée. *Paris.*
1743. 2 *vol. in* 8. *fig. v. m.*   D ij

2 · 8 329 Les Amours de Leucippe & de Clitophon, trad. du Grec d'Achile Tatius. *Amft.* (*Paris.*) 1733. *in* 12. *

3 330 Les Amours d'Ifmene & d'Ifmenias, *Paris.* 1743. *in* 8. *fig.* *

5 · 8 331 Le Caloandre fidéle, traduit de l'Italien d'Ambrofio Marini. *Paris.* 1740. 3 *vol. in* 12. *v. m.*

12 332. L'Aftrée de M. Honoré d'Urfé. *Paris.* 1624 6 *vol. in* 8. *v. b.*

2 333 Le Gage Touché, Hift. Galantes & Comiques. *Paris.* 1730. 2 *tom. en* 1 *vol. in* 12. *

4 334 Les Romans de M. de Bourfault. *Paris.* 1739. 2 *vol. in* 12. *

3 335 Le Palais du Silence, *Amft.* 1754. 2 *vol. in* 12. *velin. vert.*

3 336 Le Guerrier Philofophe, ou Mém. de M. le Duc de... *La Haye.* (*Paris*) 1744. 2. *vol. in* 12. *v. m.*

1 · 8 337 Amor & Almanfine, ou l'inutilité de l'efprit & du bon fens, par M. de Puifieux. *Amft.* (*Paris*) 3 *part. en* 1 *vol. in* 12. *

1 · 10 338 Hiftoire de Gogo. *La Haye.* (*Paris*) 1739. 2 *tom. en* 1 *vol. in* 12. *v. b.*

2 · 8 339 Anecdotes Hiftoriques, Galantes & Littéraires du tems prefent, en forme de Lettres. *La Haye.* 1737. 2 *tom. en* 1 *vol. in* 12. *

3 · 12 340 Le Triomphe de la Vertu ou Aventures de la Comt. de Breffol. *La Haye.* 1741. 3 *vol. in* 12.

17 · 10 341 Les Journées Amufantes, par Mad. de Gomez. *Paris.* 1737. 8 *vol. in* 12. *fig.* *

42 342 Les Cent Nouvelles Nouvelles de Mad. de Gomez. *Paris.* 1739. 36 *part. en* 18 *vol. in* 12. *

6 343 La Payfanne Parvenue, par M. de Mouhy. *Paris.* 1754. 4. *vol. in* 12. *v. m.*

344 La Vie de Marianne, par M. de Marivaux. *6*
Paris. 1755. 4 *vol. in* 12. *v. m.*

345. Les Aventures Portugaifes. *Paris.* 1756. *1·16*
2 *tom. en* 1 *vol. in* 12. *

346 L'Education du Marquis de.... ou Mém. de *1·10*
la Comteffe de Zurlac, par Mad. de P.... *Berl.*
(*Paris*) 1753. *in* 12.

347 Le Cofmopolite. *Lond.* 1753. *in* 12. *   *4*

348. La Mouche, ou les Aventures de M. Bigand, *8*
trad. de l'Italien, par M. de Mouhy. *Paris.*
1738. 4 *vol. in* 12. *v. m.*

349 Le Danger des Paffions , ou Anecdotes Sy- *1·16*
riennes & Egyptiennes. 1757. 2 *vol. in* 12.
broché.

*Romans Héroïques , Hiftoriques , de
Chevalerie , & Satyriques.*

350. Tarfis & Zelie. *La Haye.* (*Paris*) 1720. 6 *7·4*
tom. en 3 *vol. in* 12. *fig. v. b.*

351 Les Amours de Tibulle, par de la Cha- *5·8*
pelle. *Paris.* 1729. 3 *vol. in* 12. *v. b.*

352. Les Amours de Catulle, par de la Cha- *5·12*
pelle. *Paris.* 1725. 2 *vol. in* 12. *v. m.*

353 La Princeffe de Cleves. *Paris.* 1752. *in* 12. *1·16*
v. m.

354 Hiftoire Amoureufe des Gaules , par le *6*
Comte de Buffy Rabutin, *Colog.* 1740. 4 *vol.*
in 12. *v. f.*

355 Les Aventures du Baron de Fœnefte , par *4*
Théodore Agrippa d'Aubigné. *Amft.* (*Rouen*)
1731. 2 *vol. in* 12. *v. b.*

356. Les Aventures de M. d'Affoucy. *Paris.* 1677. *4*
2 *vol. in* 12. *v. b.*

356 * Les Penfées du même. *Paris.* 1674. *in* 12. *3*

2   357 Mémoires de la Marquise de Fresne. *Amst.* 1702. *in* 12. *fig. v. b.*

3   358 Le Siege de Calais, Nouv. Historique. *La Haye.* (*Paris*) 1739. 2 *vol. in* 12. *v. m.*

1 · 10   359 Histoires Amoureuses du Comte de Clare. *Colog.* 1732. *in* 16. *v. b.*

1 · 10   360 Mémoires de la Comtesse Linska, Hist. Polonoise, par Milon de la Valle. *Paris.* 1739. *in* 12. *v. b.*

1 · 16   361 Aventures de la Signora Rosalina, par M. Dargens. *La Haye.* 1737. *in* 12. *v. b.*

1 · 16   362 Le Mentor Cavalier, par le même. *Lond.* 1734. *in* 16. *v. b.*

1 · 10   363 Mémoires de Madem. de Mainvilier, ou le feint Chevalier, par le même. *La Haye.* 1736. *in* 12. *v. b.*

1 · 10   364 Mémoires du Marquis de Mirmon, ou le Solitaire Philosophe, par le même. *Amst.* 1736. *in* 12. *v. b.*

1 · 10   365 Mémoires du Comte de Vaxere, ou le Faux-Rabin, par le même. *Amst.* 1751. *in* 16.

12   366 Mémoires & Aventures d'un homme de qualité, par l'Ab. Prevost. *Amst.* (*Paris*) 1738. 7 *vol. in* 12. *v. m.*

1 · 10   367 Anecdotes Galantes & Tragiques de la Cour de Néron. *Paris.* 1735. *in* 12. *

1 · 10   368 Histoir. d'Hypolite, Comte de Duglas. *Rouen.* 1732. *in* 12. *fig.*

7 · 4   369 L'Atlantis de Mad. Manley. *La Haye.* 1713. 3 *vol. in* 8. *v. f.*

1   370 Le Cousin de Mahomet. *in* 12. *fig. v. m.*

7 · 4   371 Persile & Sigismonde, Hist. Septentrionale, tirée de l'Espagnol de Miguel de Cervantes, par M. L. G. D. R. *Paris.* 1738. 4 *vol. in* 12. *v. br.*

372 Hiſtoire de Don Quichotte de la Manche, trad. de l'Eſpag. de Michel de Cervantes, avec la ſuite. *Paris*. 1732. 14 *vol. in* 12. *fig. v. br.*   14

373 Nouvelles de Michel de Cervantes. *Amſt.* 1720. 2 *vol. in* 12. *v. br.*   4

374 Hiſtoire du Chevalier Tiran le Blanc. *Lond.* (*Paris*) 2 *vol. in* 12. *v. b.*   4

375 Le Bachelier de Salamanque, par M. le Sage. *Paris.* 1736. 2 *vol. in* 12 *v. m.*   3 12

376 Le Diable Boiteux, par le même. *Paris.* 1737. 2 *vol. in* 12 *v. m.*   4

376 * Hiſtoire de D. Ranutio d'Aletes. *Veniſe.* 1736. 2 *vol. in* 12. *fig. v. m.*   4 10

Romans de Politique.

377 L'Argenis de Barclay , trad. nouv. par M. l'Ab. Joſſe. *Chartres.* 1732. 3 *vol. in* 12. *   4 16

378 Les Aventures de Télemaque, fils d'Ulyſſe, par Fr. Salignac de la Mothe Fenelon, avec des Remarques Critiques & Hiſtoriq. *Amſt.* Hofhout. 1725. *in* 12. *fig.* *   12

379 Le même. *Amſt.* 1734. 4º. *fig. en blanc.*   30

379 * Le même. *Paris.* 1729. 2 *vol. in* 12. *fig.* *   5

380. Le Prince des délices du cœur, ou Traité des Qualités d'un Grand Roi, & Syſtême général d'un Sage Gouverneur, par M. M. *Amſt.* 1751. 2 *vol. vel.*   2 8

380 * Les Mille & une Fav. par M. le Chevalier de Mouhy. *Lond.* (*Hollande*) 1740. 8 *vol. in* 12. *v. b.*   15

Contes des Fées, ou Narrations Fabuleuses, &c.

9   381 Les Mille & un Jour, Contes Perfans, par M. Petit de la Croix. *Paris.* 1729. *5 vol. in* 12.*

6.12   382 Les Mille & une Soirées, Contes Mogols, *Paris.* 1749. *3 vol. in 12.*

9   383 Les Contes des Fées, par M. d'Aunoy. *Paris.* 1757. *4 vol. in 12.*

4.10   384 Hiftoire du Prince Titi. *Paris.* 1737. *3 vol. in* 12. *v. b.*

2   385 Zeczeczeb, Anecdotes Indoftanes. *Paris.* 1751. *2 vol. in* 12.

2.10   386 Le So. Conte Moral, par M. Crebillon. *Pekin.* 1749. *in* 12. *fig. v. m.*

2.8   387 Tanzaï & Néadarné, Hiftoire Japonoife, par le même. *Lond.* 1735. *2 t. en 1 vol. in* 12.*

4   388 Le même. 1758. *2 vol. in* 12. *fig. v. m.*

2   389. Angola, Hift. Indienne. *Agra.* 1751. *1 vol. in* 12. *fig. v. m.*

1.16   390. Vie & Avantures de Lazarille de Tormes, traduites de l'Efpagnol. *Bruxelle.* 1746. *in* 12. *fig. v. m.*

1.16   391 L'Art de voler fans aîles. *Paris.* 1707. *in-* 12.

4.10   392 La Mandarinade, ou Hiftoire Comique du Mandarinat, de M. l'Abbé de Saint-Martin. *La Haye.* 1738. *3 vol. in-* 12. *v. f.*

Romans Anglois.

10   393 Le Philofophe Anglois, ou Hiftoire de M. Cleveland ; par M. l'Abbé Prevoft. *Utrecht.* (*Paris*) 1741. *6 vol. in-* 12. *v. m.*

394 Le Doyen de Killerine, par le même. *Paris.* 7 · 10
1739. 6 *tom. en* 3 *vol. in* 12. *v. m.*

395 Histoire de Tom Jones, ou l'Enfant trouvé, 8
trad. de l'Angl. par M. de la Place. *Amst.* 1750.
4 *vol. in* 12. *fig. v. m.*

396 L'Orpheline Angloise, traduite de l'Anglois 8
par le même. *Londres.* (*Paris*) 1751. *in-*12.
4 *vol.* *

397 Lettres Angloises, ou Histoire de Miss Cla- 24
risse Harlove. *Lond.* 1751. 12 *vol. in* 12. *.

398 L'Etourdie, ou Histoire de Miss Betsy Tat- 2 · 6
less. Trad. de l'Angl. *Paris.* 1754. 4 *tom. en* 2
2 *vol. in* 12.

399 Oronoko, imitée de l'Anglois par M. de la 2
Place. *Paris.* 1756. *in-*12. *

400 L'Ami de la Fortune, ou Mémoires du Mar- 2 · 8
quis de S. A. *Lond.* (*Paris*) 1754. 2 *tom. en* 1
vol. in 12. *.

401 Histoire & Avanture de Sir Williams Pickle 8
trad. de l'Angl. *Amst.* (*Paris.*) 1753. 4 *vol.* *

402 Mémoires de Milord D * * * .... Les Mé- 1 · 4
moires de Mlle de Bonneval. *Paris.* 1737 &
1738. *in-*12. *v. b.*

403 Avantures de Londres. *Paris.* 1751. *in* 12. 1 · 4

*Philologues, Satyres, Apologies, Apoph-
thegmes, Adages, &c.*

404 Le Chef-d'œuvre d'un inconnu, par le Doc- 4
teur Matanasius. *La Haye.* 1745. 2 *vol. in* 12. *

405 Essais sur la nécessité & sur les moyens de 6
plaire. Par M. de Moncrif. *Paris.* 1738. *in* 8.
gr. p. impr. sur pap. d'Hol. *

406 Apologie pour l'Ordre des Francs-Maçons. 1 · 16
Par M. N. *La Haye.* 1742. *in* 12. *v. m.*

3 · 12 407 Les Francs-Maçons écrasés. *Amsterd.* 1747.
in 8. *fig. v. m.*

4 408 Petrone, Latin & François 1713. 2 *vol. in-*
12. *fig. v. b.*

6 409 Voyage d'Italie, par Gab. d'Emilliane *Roter.*
1697. 2 *tom. en* 1 *vol. in-*8. *v. b.*

16 309 * Ouvrage de Penelope, ou Machiavel en
Médecine. Par Aletheius Demetrius. *Berlin.*
1748. 3 *in* 12. *

3 · 12 410 Poggiana. *Amst.* 1720. 2 *vol. in* 12. *v. b.*

1 411 Perroniana & Thuana. *Colog.* 1694. *in* 12.

7 · 4 412 Ménagiana, ou les Bons Mots de M. Me-
nage. *Paris.* 1729. 4. *vol. in* 12. *v. b.*

1 · 16 413 Segraisiana. *Paris. in* 12. *v. m.*

1 · 10 414 Arliquiniana *Paris.* 1696. *in-*12. *v. m.*

1 · 10 415 Vasconiana. *Paris.* 1719. *in* 12. *v. b.*

9 416 Voltariana. *Paris.* (*Hollande*) 1748. *in-*8. *

3 · 12 417 Elite de Bons Mots. *Amsterd.* 1731. 2 *vol.*
in 12. *

1 · 16 418 La Vie & les Bons mots de M. de Santeuil.
Cologne. 1735. 2 *tom. en* 1 *vol. in* 12. *v. b.*

10 · 4 419 Bibliotheque des gens de Cour, par M.
Gayot de Pitaval. *Paris.* 1732. 6 *vol. in-*12.

1 · 4 420 Les Ridicules du Siecle, par M. Chevrier.
Paris. 1752. *in* 12. *

Polygraphe.

7 · 4 421 Lucien de la Trad. de Perrot, Sr. d'Ablan-
cour, avec des Remarques. *Par.* 1733. 3 *vol.*
in 12. *v. m.*

9 422 Les Essais de Montagne. *Amst.* 1659. 3 *vol.*
in 12. *v. b.*

3 · 12 423 Œuvres de Voiture. *Paris* 1729. 2 *vol. in*
12. *v. b.*

424 Œuvres de Cyrano Bergerac. *Amst.* 1709. 3
2 vol. in 12. *fig. v. b.*

425 Œuvres de Scarron. *Paris* 1752. 12 vol. *in* 20
12. *v. m.*

426 Recueil de Pieces Galantes, en Profe & en 10. 4
Vers, de Mad. la Comteffe de la Suze & de
M. Peliffon. *Trevoux.* (*Paris.*) 1748. 5 *vol.*
in 12. *

427 Œuvres de Me. de Ville-Dieu. *Paris.* 1721. 15
12 vol. in 12. *v. b.*

428 Amufemens de la Campagne, par M. Du- 12
rand. *Paris.* 1749. 7 vol. in 12. *v. m.*

429 Bibliotheque de Campagne, ou Amufemens 24
de l'Efprit & du Cœur. *La Haye.* 1738. 12 vol.
in 12. *double.*

430 Œuvres de Chapelle & de Bachaumont. 1 10
Paris. 1733. in 12. *v. m. doub.* 1755.

431 Œuvres Mêlées de M. S. Evremond. *Lond.* 24
1709. 3 vol. in 4. *gr. pap. rel. en carton.*

432 Les mêmes, avec la Vie de l'Auteur, par 18
M. des Maizeaux. *Par.* 1753. 12 vol. in 12. *v. m.*

433 Œuvres de l'Abbé Nadal. *Paris.* 1738. 3 3 6
vol. in 12. *

434 Œuvres de Pier. Bayle. *La Haye.* (*Trevoux.*) 64
1737. 4. vol. in fol. *v. m.*

435 Réponfe aux Queftions d'un Provincial, par 10. 4
le même. *Rotterd.* 1708. 5 vol. in 12.

436 Œuvres de M. de Fontenelle, enrichies de 120
très-belles figures, gravées par B. Picart. *La*
Haye. 1728. 3 vol. in fol. *gr. pap. en blanc.*

436 * Le même, *pet. pap. en blanc.*

437 Traité Hiftorique & Critique de l'Opinion, 15
par Gibert-Charles le Gendre. *Paris.* 1748.
7 vol. in 12. *

438 Les Œuvres de le Noble. *Paris.* 1718. 19 24
vol. in 12. *v. b.*

E ii

30 439 Les Œuvres de M. l'Abbé de Saint Pierre, Rotterd. 1738. 17 *vol. in 12.* *

3 440 Œuvres Mêlées du Chevalier de Saint-Jory. *Amst.* (*Paris.*) 1735. *v. m.*

8 441 Œuvres de M. de Saint-Mard. *Amst.* (*Paris.*) 1749. *5 vol. in 12.* *

3 · 12 442 Œuvres de Pavillon. *Amst.* (*Paris.*) 1747. 2 *vol. in* 12. *

4 · 4 443 Œuvres de Madame & Mademoiselle Deshoulieres. *Par.* 1747. 2 *tom. en* 1. *vol. in* 12. *

1 · 10 444 Œuvres Mêlées en Prose & en Vers, de M. L. D. B*** *Genève.* (*Paris.*) 1753. *in* 12.

5 445 Œuvres Diverses de M. le Franc. *Paris.* 1753. 2 *vol. in* 12. *fig.* *

18 446 Œuvres Diverses de Pope, trad. de l'Angl. *Amst.* 1754. 6 *vol. in* 12. *fig.* *

4 · 16 447 Extraits de tous les Beaux Endroits des Ouvrages des plus célebres Auteurs. *Amst.* 1681. 3 *vol. in* 12. *v. b.*

1 · 10 448 Pieces Diverses, avec quelques Lettres de Morale & d'Amusemens. *Paris.* 1746. *in* 12.

2 · 10 449 L'Abeille du Parnasse, ou Nouveau Choix de Pensées, Réflexions, Maximes, Portraits Caractéres, tirés des meilleurs Poetes Franç. par M... *Paris.* 1757. 2 *tom. en* 1 *vol. in* 12. *

3 · 12 450 La Pléïade Françoise, ou l'Esprit des Sept plus Grands Poétes. *Paris.* 1756. 2 *vol. in* 12.

4 · 10 451 Mélanges de Littérature, d'Histoire & de Philosophie. *Berlin.* (*Paris.*) 1753. 2 *vol. in* 12. *

3 · 12 452 L'Art d'Orner l'Esprit en l'amusant, par Gayot de Pitaval. *Par.* 1732. 2 *vol. in* 12. *v. f.*

4 · 10 453 Mélange de différentes Piéces de Vers & de Prose, trad. de l'Angl. *Berlin.* 1751. *in* 12. *

454 Nouveaux Amufemens du Cœur & de l'Ef- 24
prit. *Amft.* (*Paris.*) 1741. 15 *vol. in* 12. *

455 Lettres Phil. par M. V. avec plufieurs Piéces
Galantes & Nouvelles. *Par.* 1756. *in* 12. *v. m.* 4 · 16
doublé.

456 Recueil de divers Ecrits fur l'Amour & 1 · 16
l'Amitié, la Politefle, la Volupté, les Senti-
mens agréables, l'Efprit & le Cœur. *Paris.*
1736. *in* 12. *

457 Bibliotheque amufante & inftructive. *Paris.* 2
1753. *in* 12. *

Dialogues.

458 Les Colloques d'Erafme, trad. par M. Gueu- 12
deville. *Leide.* 1720. 5 *tom. en* 4 *vol. in-*12. *v. m.*

459 Cymbalum mundi, par Bonn des Periers, 15
avec les notes de Profp. Marchand. *Paris.* 1732.
in 12. *br.*

Epiftolaires.

460 Les Lettres de Pline le jeune. *Paris* 1721. 4 · 16
3 *vol. in* 12. *

461 Les Lettres d'Abeillard & d'Heloïfe. *Paris.* 3 · 12
1723. 2 *vol. in* 12. *v. m.*

462 Lettres choifies de Guy Patin. *Colog.* 1692. 4 · 16
4 *vol. in* 12. *v. b.*

463 Lettres Françoifes fur toutes fortes de fujets 1 · 8
Par P. Richelet. *Paris.* 1698. 2 *vol. in-*12.

464 Les Lettres de Meffire Roger de Rabutin, 10 · 10
Comte de Buffy. *Paris.* 1737. 7 *vol. in-*12. *

465 Lettres de Fr. Rabelais, avec des obferva- 2
tions hiftoriq. Par M. de Sainte-Marthe. *Brux.*
1710. *in* 8. *v. m.*

466 Lettres de Madame la Marquife de Sévigné 15

à Madame la Comtesse de Grignan sa fille.
Paris. 1754, 8 *vol. in* 12. *

16   467 Lettres historiques & galantes de Madame
Du Noyer. *Lond.* (*Paris*) 1757. 9 *vol. in-* 12.*

5 . 8 468 Lettres nouvelles de Bourfault. *Paris.* 1737.
3 *vol. in* 12. *

2 . 8 469 Lettres Turques & de Nedim Coggia *Amst.*
(*Paris*) 1750. *in* 12. *

3   470 Lettres de la Marquise de M. au Comte de
R. Par M. de Crébillon. *Paris.* 1739 2 *vol.
in* 12. *v. m.*

1 . 8 471 Lettres Moscovites. *Konisberg.* 1736. *in* 12.

1 . 8 472 Lettres Saxonnes. *Berlin.* 2 *tom. en* 1 *vol.
in* 12. *v. m.*

6   473 Lettres d'un François. Par M. l'Abbé le
Blanc. *La Haye.* 1745. 3 *vol. in-* 12. *

1 . 10 474 Lettres d'Aza. *Paris.* 1749. *in-* 12. *

3   475 Lettres d'un S.... *Amst.* 1738. *in-* 12. *doub.*

4 . 10 476 Lettres de Rousseau sur différens sujets de
Littérature. *Geneve.* 1749. 3 *vol. in* 12. *

2   477 Caprices d'Imagination, ou Lettres sur dif-
férens sujets d'histoire, &c. *Paris.* 1740. *in-*12.

3   478 L'Amitié après la mort, contenant les Let-
tres des morts aux vivans, & les Lettres mo-
rales & amusantes, par Madame Rowe. *Amst.*
1740. 2 *vol. in-*12. *v. b.* *

3   479 Lettres sur les Sourds & Muets à l'usage de
ceux qui entendent & qui parlent. *Paris.* 1751.
*in-*12. *

3   480 Lettres sur les Aveugles, à l'usage de ceux
qui voyent. *Lond.* (*Paris*) 1749. *in-*12. *fig.* *.

10 . 10 481 Lettres Cabalistiques, par le M. d'Argens,
Paris. 1754. 7 *vol. in-*12. *v. m.*

9   482 Lettres Chinoises, par le même. *Paris.* 1755.
6 *vol. in* 12. *v. m.*

483 Lettres Morales & Critiques ſur les diffé-
rens états des hommes, par M. le Marquis
d'Argens. *Amſt.* (*Paris*) 1748. *in* 12.   1 - 16

484 Lettres de Thereſe, ou Mémoires d'une
jeune Demoiſelle de Province. *La Haye.* (*Par.*)
1739. *in*-12. *v. m.*   1 - 10

485 Lettres ſur le Patriotiſme. *Lond.* (*Paris*)
1750. *in*-8. * *doub.*   2   8

HISTOIRE.

Introduction à l'Histoire & à la Géographie.

486 Education Complete, ou Abregé de l'Hiſt.
Univerſelle, mêlée de Géographie, de Chro-
nologie à l'uſage de la Famille Royale de
S. A. R. la Princeſſe de Galles, par le P. de
Beaumont. *Londres.* 1753. 3 *vol. in* 12. *v. m.*   6

487 La Science des Perſonnes de Cour, d'Epée &
de Robbe, du Sieur de Chevigni, augmentée
par M. de Limiers. *Paris.* 1752. *8 vol. in* 12.
fig. *   16

488 Lucæ Holſtenii in Stephani Byzantini Genti-
lia ſive de urbibus notæ & caſtigationes poſthu-
mæ, ex editione Th. Rickii qui Scymni Frag-
menta Gr. lat. &c. addidit. *Lug. Bat. Hac-
kius*, 1684. *in fol. vel.*   7

489 Géographie Univerſelle, par M. Noblot.
Paris. 1726. 5 *vol. in* 12. *v. m.*   9

490 Dictionnaire Géographique & Hiſtorique,
par M. Baudrand. *Paris.* 1705. *in fol. v. b.*   5

491 Dictionnaire Géographique & Hiſtorique,
par le même. *Utrecht.* 1712. *in* 4. *v. m.*   14

130   492 Dictionnaire Géographique & Critique, par M. Bruzen de la Martiniere. *La Haye.* 1726. 10 *vol. in fol. v. m.*

96   493 Atlas Historique, par M. Guedeuville. *Amst.* 1713. 7 *vol. in fol.* *

Voyages.

12   494 Voyages Historiques de l'Europe, augmentés de la Guide des Voyageurs, par M. de B. F. *Amst.* 1718. 8 *v. in* 12. *v. m.*

10   495 Lettres & Mémoires du Baron de Pollnitz, *Amst.* 1737. 5 *vol. in* 12. *v. b.*

7 · 10   496 Voyages de Monconys. *Paris.* 1695. 5 *vol. in* 12. *fig. v. b.*

120   497 Histoire Générale des Voyages, par M. l'Ab. Prevost. *Paris.* 1749, & *suiv.* 48 *vol. in* 12. *fig.* *

9   498 Voyages de J. B. Tavernier. *Hollande.* 1679. 5 *part. en 3 vol. in* 12. *fig. vol.*

7 · 4   499 Voyage d'Italie, par M. Max. Misson. *La Haye.* 1702. 4 *vol. in* 12. *fig. v f.*

14   { 500 Voyage au Levant, par Corn. le Brun. *Amst.* 1714. *in fol. v. b.*

{ 500 * Voyage de Corn. le Brun, en Moscovie & en Perse, &c. *Amst.* 1718. 2 *vol. in fol. fig. v. b.*

18   501 Voyage du Chevalier Chardin en Perse, & autres lieux de l'Orient. *Amst.* 1735. 4 *vol. in* 4. *fig. en bl.*

3   502 Voyage de G. Schouten aux Indes Orientales. *Amst.* 1707. 2 *vol. in* 12. *fig. v. b.*

2   503 Voyage fait aux Indes Orientales, par Dellon. *Amst.* 1699. *in* 12. *fig. v. b.*

504 Voyage de Guinée, par Guillame Bofman. 3
Utrecht. 1705. *in* 12. *fig. v. f.*

505 Voyage de Gulliver, trad. de l'Anglois, de 4 · 4
Swift, par Desfontaines. 1727. *Paris.* 2 *vol. in*
12. *fig. v. b.*

506 La Vie & les Avantures de Robinson Crufoë, 7 · 4
Amft. 1721. 4 *tom. en* 3 *vol. in* 12. *fig. v. b.*

507. Voyage en l'autre Monde, ou Nouvelles 1 · 16
Littéraires de celui-ci. *Paris* 1752. *in* 12.

Chronologie.

508 Introduction à l'Histoire Moderne, Géné- 72
rale & Politique de l'Univers, commencée
par le Baron de Pufendorff, augmentée par
M. Bruzen de la Martiniere, revûë & augmen-
tée par M. de Grace. *Paris.* 1753. 4 *vol. in* 4.
G. P. avec la Soufcription. *

509 Histoire Universelle, depuis le commence- 130
ment du monde jufqu'à préfent, trad. de l'Angl.
'une société de Gens de Lettres. *Amfi.* 1747.
d4 *vol. in* 4. *v. b.* *

510 Difcours fur l'Histoire Universelle, par M. 9
B. Boffuet. *Paris. Cramoify.* 1681. *in* 4.

511 Le même. *Hollande.* 1681. *in* 12. *v. f.* 3

512 Le même, avec la fuite de Jean de la Barre. 4
Paris. 1730. 2 *vol. in* 12. *v. b.*

513 Le Théatre Hiftorique, par M. Gueudeville. 42
Leide. 1703. 5 *tom. en* 3 *vol. in fol.*

514 Introduction à l'Hift. de l'Europe, par Rou- 4 · 10
xel. *Amft.* 1710. 4 *vol. in* 12. *v. b.*

515 L'Efpion Turc, par M. Paul Marana. *Lond.* 15
(*Hollande*) 1742. 7 *vol. in* 12. *fig. v. m.*

515 * Le même. *Amft.* (*Paris*) 1756. 9 *vol.* 15
in 12. *v. m.*

Hiſtoire Eccléſiaſtique.

7 · 4   516 Abregé Chronologique de l'Hiſt. Eccléſiaſt. *Paris.* 1751. *in* 12. *

36   517 Hiſt. du Peuple de Dieu, par le P. Iſaac-Joſeph Berruyer. *Paris.* 1736. *& ſuiv.* 18 *vol. in* 12. *

72   517 * Hiſt. Eccléſ. par M. Fleury. *Paris.* 1724. *& ſuiv.* 36 *vol. in* 12. *v. m.*

45   518 Mémoires pour ſervir à l'Hiſtoire Eccléſiaſt. par M. le Nain de Tillemont. *Bruxelles.* 1706. *& ſuiv.* 10 *t. en* 30 *vol. in* 12. *v. b.*

28   519 Hiſt. des Empereurs, par le même. *Bruxelles.* 1707. *& ſuiv.* 6 *t. en* 16 *vol. in* 12. *v. b.*

Hiſtoires des Conciles.

14   520 Hiſtoires des Conciles de Piſe, de Conſtance, & de Baſles, par M. l'Enfant. *Amſt.* 1724. 1727 & 1731. 6 *vol. in* 4. *fig. en bl.*

4   521 Hiſt. du Concile de Trente, par Louis-Ellies Du-Pin. *Brux.* 1721. 2 *vol. in* 8. *v. b.*

2 · 8   522 Abregé de l'Hiſt. du Concile de Trente, par Pier. Jurieu. *Amſt.* 1683. 2 *vol. in* 12. *v. b.*

Hiſtoires des Papes.

54   523 Hiſt. des Papes, depuis S. Pierre juſqu'à Be-noît XIII. incluſivement. *La Haye.* 1732. 5 *vol. in* 4. * doub v. m.*

7 · 10   524 Hiſt. de la Pap. Jea. traduite du lat. de M. de Spanheim. *La Haye.* 1720. 2 *t. en* 2 *vol. in* 8. *fig. v. b.*

10   525 Mémoires Hiſt. & Crit. ſur la vie & la Lé-gende de Grégoire VII, &c. *Rouen.* 1743. 3 *vol. in* 12. *.

526 La Vie d'Alexandre VI. & de son fils César
de Borgia , par Alexandre Gordon. *Amst.* 4 . 10
1732. 2 *vol. in* 12. *v. b. doub.*

527 Hist. Politique du Cardinal Portocarrero. 6
Amst. 1734. *in* 12. *

528 Vies des Quatre Evêques, *Colog.* 1756. 2 *vol.* 3
in 12. *v. m.*

Histoires des Ordres Monastiques, Religieux & Militaires.

529 La Vie de Dom Armand Jean le Bouthillier, 3 . 12
par M. Marsollier. *Paris.* 1703. 2 *vol. in* 12.
v. b.

530 Nécrologe de l'Abbaye de Port-Royal des 9
Champs. *Amst.* 1723. *in* 4. *fig. v. f.*

531 Hist. de l'Abbaye de Port - Royal, *Colog.* 10
1752. 6 *vol. in* 12. *v. m.*

532 L'Alcoran des Cordeliers, orné de figures 18
dessin. par B. Picart... avec la Légende dorée.
Amst. 1724. 3 *vol. in* 12. *

533 Les Aventures de la M****, par M. Renoult. 6
Amst. 1701. *in* 8. *fig.*

534 La Guerre S..... *La Haye.* 1740. *in* 12. *v. b.* 4

535 Hist. de la Comp. de J. *Soleure.* 1740. 4 *vol.* 7 . 4
in 12. *v. b.*

536 La Vie de la Vénérable Mere Marguerite-
Marie , Religieuse de la Visitation Ste. Marie, 9
par J. Languet. *Paris.* 1729. *in* 4. *v. b.*

537. Histoire des Chevaliers de Malthe , par M. 12
l'Ab. de Vertot. *Paris.* 1726. 7 *vol. in* 12.
v. b.

538. Histoire des Ordres Réguliers & Militaires 3 . 12
des Templiers Teutons , Hospitaliers ou Che-

valiers de Malthe. *Paris.* 1725. 2 *vol. in* 12. *v. b.*

4 . 4 539 Les Statuts de l'Ordre du S. Esprit. *Paris. Imp. Royale.* 1724. *in* 4. *m. r. L. R.*

Vie des Saints.

51 540 Les Vies des Saints par Baillet. *Paris.* 1701. 17 *vol. in* 8. *

2 . 12 541 La Vie de Saint Athanase par G. Hermant. *Par.* 1672. 2 *vol. in* 8. *v. b.*

Histoires des Hérésies.

210 542 Cérémonies & Coutumes Religieuses de tous les Peuples du monde, représentées par des figures dessinées par Bern. Picart, avec des explications historiques. *Amst.* 1723. *& suiv.* 7 *vol. in fol. v. b.*

2 . 8 543 Histoire de l'hérésie de Wiclef, Jean Hus, & Jr. de Prague. *Lyon.* 1682. 2 *vol. in* 12. *v. b.*

9 544 Histoire des Variations des Eglises Protestantes, par M. J. Benigne Bossuet. *Paris. Cramoisy.* 1688. 2 *vol. in* 4.

7 . 10 545 Histoire du Calvinisme & du Papisme, par M. Maimbourg. *Rotterd.* 1683. 4 *vol. in* 12. *v. b.*

Histoire de l'Inquisition.

2 . 10 546 Relation de l'Inquisition de Goa par Dellon. *Paris.* 1688. *in* 12. *fig. v. b. doub.*

1 . 10 547 Histoire de l'Inquisition & son origine, par Marsolier. *Colog.* 1693. *in* 12. *v. b.*

36 548 L'Inquisition Françoise ou l'Histoire de la

Baſtille, par Conſtantin de Renneville. *Amſt.* 1724. 5 *vol. in* 12. *fig. v. f.*

Hiſtoire ancienne & des Juifs.

549 Hiſtoire Ancienne de M. Rollin. *Par.* 1730. & *ſuiv.* 11 *tom. en* 12 *vol.* *

550 Abrégé Chronologique de l'Hiſtoire ancienne des Empires & des Républiques, par M. Lacombe. *Par.* 1747. *in* 8. *v. m.*

551 La République des Hébreux. *Amſt.* 1713. *in* 8. *v. m.*

551 * Antiquités Judaïques, ou Remarques ſur la République des Hébreux, par M. Baſnage. *Amſt.* 1713. 2 *vol. in* 8. *v. m.*

552 Hiſtoire des Juifs depuis Jeſus-Chriſt juſqu'à préſent, pour ſervir de continuation à l'Hiſt. de Joſeph, par M. Baſnage. *La Haye.* 1716. 15 *tom. en* 10 *vol. in* 12. *v. b.*

Hiſtoire Grecque.

553 Les Guerres d'Alexandre, par Arrian. *Par.* 1646. *in* 8. *

554 Quinte-Curce de la trad. de Vaugelas avec les Supplémens de Freinshemius. trad. par du Rier. *Amſt.* 1747. 2 *vol. in* 8. *fig. v. m.*

Hiſtoire Romaine.

555 Hiſtoire Romaine depuis la fondation de Rome par les RR. PP. Catrou & Rouillé, de la Compagnie de Jeſus. *Paris.* 1725. 21 *vol. in* 4. *

556 Hiſtoire des Révolutions de la République

Romaine, par M. l'Abbé de Vertot. *Paris.*
1730. 3 *vol. in-*12. *v. b.*

557 Rome ancienne par Fr. de Seine. *Leyde.* 1713.
4 *tom. en* 3 *vol. in* 12. *v. b.*

557 *Rome moderne, par le même. *Leyde.* 1713.
6 *tom. en* 5 *vol. in-*12. *fig. v. b.*

558 Eutropii Breviarium Hiſtoriæ Romanæ. *Pa-
riſ.* 1746. *in* 12. *v. m.*

559 Etat préſent de l'Egliſe Romaine dans tou-
tes les parties du monde, par Urbano Cerri.
Amſt. 1716. *in* 8. *v. b.*

560 Hiſtoire des Révolutions de Genes. *Paris.*
1750. 3 *vol. in-*12. *v. m.*

Hiſtoire de France

561 Les Antiquités & Recherches des Villes &
Châteaux de la France, par André Ducheſne.
Paris. 1609. *in* 8. *v. b.*

562 Nouvelle Deſcription de la France, par M.
Piganiol de la Force. *Paris.* 1722. 8 *vol. in-*12.
fig. v. b.

563 Mémorial de Paris & de ſes environs, nou-
velle édition. *Paris.* 1749. 2 *vol. in-*12. *v. m.*

564 Dictionnaire univerſel de la France. *Paris.*
Saugrain. 1726. 3 *vol. in fol. v. f.*

565 Deſcription de Paris par M. Piganiol de la
Force. *Par.* 1742. 8 *vol. in-*12. *fig. v. b.*

566 Les œuvres d'Etienne Paſquier. *Amſterdam.*
(*Trevoux.*) 1723. 2 *vol. in fol.* *

567 Hiſtoire de France par le P. G. Daniel, de la
Compagnie de Jeſus. *Paris.* 1729. 10 *vol. in* 4.
G. P. *v. m.*

568 Hiſtoire de France compoſée par M. Cha-
lons. *Paris.* 1754. 3 *vol. in-*12. *v. m.*

569 Nouvel Abrégé Chronologique de l'Histoire
de France par M. le Préfident Hainault. *Paris.* 10
1756. 2 *vol. in* 8. * *doub. v. m.*

570 Hiftoire des Révolutions de France par M. 7·4
de la Hode. *La Haye.* 1738. *in* 4. *v. m.*

Hiftoire particuliere de France.

571 Mémoires de Philippe de Commine par M. 10
Godefroi. *Bruxelles.* 1723. 5 *vol. in* 8. *v. m.*

572 Hiftoire de Louis XI par M. Duclos. *Paris.* 6
1745. 3 *vol. in*-12. *v. m.*

573 Hiftoire du Regne de Louis XI par Mlle. de 10·10
Luffan. *Paris.* 1755. 6 *vol. in*-12. *v. m.*

574 Vie du Cardinal d'Amboife par Louis le 5
Gendre. *Rouen.* 1724. *in* 4. *G. P. v. m.*

575 Anecdotes de la Cour de François I. par 6
Mlle. de Luffan. *Paris.* 1748. 3 *vol. in*-
12. *

576 Mémoires de Condé, fervant d'éclairciffe- 150
ment & de preuve à l'Hiftoire de M. de Thou;
avec un Supplément qui contient la Légende
du Cardinal de Lorraine, celle de D. Cl. de
Guife, & le procès de J. Chaftel. *Lond.* (*Pa-*
ris.) 1743. 6 *vol. in* 4. *G. P.*... L'on a joint à
cet Exemplaire le Procès de R. Fr. Damiens.
Par. 1757. *G. P. ce qui fait* 7 *vol. in* 4.

Il n'y a eu que 12 *Exemplaires tirés fur du grand*
papier double, celui qui fe trouve ici eft en blanc,
& eft peut-être l'unique, il eft très-bien confervé.

577 Pieces originales & procédures du Procès fait 6
à R. Fr. Damiens. *Par.* 1757. 4 *vol. in*-12. *v. m.*

578. Mémoires de l'Etat de France sous Charles IX. *Meidelbourg.* 1576. 3 *vol. in* 8. *v. b.*

579 Mémoires de M. Brantome. *La Haye.* 1740. 15 *vol. in-*12. *v. b.*

580 Journal de Henri III. *Colog.* 1720. 4 *Parties* en 2 *vol. in* 8. *fig. v. b.*

581 Description de l'Isle des Hermaphrodites, pour servir de Supplément au Journal de Henri III. *Colog.* 1724. *in* 8. *v. m. double. v. f.*

582 Sermons de la simulée conversion de Henri de Bourbon, par M. Jean Boucher. *Paris.* 1594. *in* 8. *v. b.*

583 Satyre Menipée. *Ratisbonne.* 1677. *in-*12. *v. m.*

583 * Le même. 1726. 3 *vol. in* 8. *fig. v. b.*

584 Histoire Universelle de Jacques-Auguste de Thou. *Londres.* (*Paris.*) 1734. 16 *vol. in* 4. * *doub. Hollande.* 11 *vol. in* 4. *en blanc.*

585 Mémoires pour servir à l'Hist. de France depuis 1515 jusqu'en 1611, par P. de Letoile. *Par.* 1719. 2 *vol. in* 8. *fig. v. f.*

586 Journal de Henri I V par le même, avec des Remarques Historiques & Politiques par M. l'Abbé Langlet. *La Haye.* (*Paris.*) 1741. 4 *vol. in* 8. *v. m.*

586 * Le même 1732. 4 *tom. en* 2 *vol. in-*8. *v. b.*

587 Histoire du Roi Henri le Grand composée par Hardouin de Perefixe. *Amst. Louis & Daniel Elzevier.* 1661. 2 *vol. in-*16. *

588 Mémoires de la Reine Marguerite. *Bruxelles.* 1659. *in* 16. *m. r.*

589 Mémoires de Marguerite de Valois. *La Haye.* (*Rouen.*) 1715. 2 *vol. in* 12. *v. b.*

589 * Les mêmes. *Paris.* 1745. 2 *vol. in* 12. *v. m.*

590.

590 Hiſtoire de la mere & du fils, par François-
Eudes de Mezeray. *Amſt.* (*Rouen.*) 1730. 2
vol. in 12. *v. b.*

591 Vie du Cardinal de Richelieu. *Colog.* 1696.
in 12. *v. b.*

592 Mémoires de M. D. L. R. *Cologne.* 1682.
in 12. *v. b.*

593 Recueil des Teſtamens politiques du Cardi-
nal de Richelieu, du Duc de Lorraine, de M.
Colbert & de M. de Louvois. *Amſt.* (*Paris.*)
1749. 4 *vol. in* 12. *

594 Mémoires de Montréſor. *Cologne.* 1723. 2.
vol. in 12. *v. b.*

595 Hiſtoire de Louis XIII par M. le Vaſſor. *Amſt.*
1701. 17 *vol. in* 12. *v. b.*

596 Mémoires pour ſervir à l'Hiſtoire d'Anne
d'Autriche, par Madame de Motteville. *Amſt.*
(*Paris.*) 1739. 6 *vol. in* 12. *

597 Mémoires Hiſtoriques, Politiques, Criti-
ques & Littéraires, par M. Amelot de la Houſ-
ſaie. *Amſt.* 1731. 2. *vol. in* 12. *v. b.*

598 Mémoires du Cardinal de Retz & de Joly.
Amſt. 1731. 6 *vol. in* 12. *v. b.*

599 La Vie de Madame la Ducheſſe de Longue-
ville. *Paris.* 1738. 2 *tom. en* 1. *vol. in* 12. *v. b.*

600 Mémoires du ſieur de Pontis. *Paris.* 1715. 2
vol. in 12. *v. b.*

601 Mémoires du Comte de Brienne. *Amſterd.*
1719. 3 *vol. in* 12. *v.*

602 Mémoires du Maréchal de Grammont. *Paris.*
1716. 2 *vol. in* 12. *v. b.*

603 Les Mémoires de M. Roger de Rabutin
Comte de Buſſy. *Paris.* 1696. 3 *vol. in-*12. *v. b.*

604 Mémoires de Mademoiſelle de Montpenſier.
Anvers. (*Paris.*) 1730. 7 *vol. in* 12. *v. b.*

605 Les mêmes. *Amsterd.* 1735. 8 *tom. en 4 vol. in-12.* *

606 Histoire du Vicomte de Turenne par de Ramsay. *Paris.* 1735. 2 *vol. in* 4. *fig. G. P.*

607 Mémoires Historiques contenant ce qui s'est passé tant sur terre que sur mer, depuis 1672 jusqu'en 1679. par M. D. *Paris.* 1693. 2 *vol. in-12. v. b.*

608 Mémoires de Gaspard Comte de Chavagnac. *Amst.* 1700. *in-12. v. b.*

609 Mémoires du Comte de Rochefort. *La Haye.* 1691. *in* 12. *v. b.*

610 Le Tableau de la Vie & du Gouvernement de Messieurs les Cardinaux Richelieu, Mazarin & Colbert, &c. *Colog.* 1693. *in* 8. *v. b.*

611 Mémoires de la minorité de Louis XIV. *Amst.* 1723. 2 *vol. in* 12. *v. b.*

612 Mémoires de la Colonie. *Brux.* (*Paris.*) 1738. 2 *vol. in* 12. *v. m.*

613 Mémoires du Marquis de Langallery. *La Haye.* 1743. *in* 12. *v. m.*

614 Mémoires de la Régence de Mgr. le Duc d'Orleans. *La Haye.* (*Rouen.*) 1730. 2 *vol. in* 12. *v. b.*

615 Histoire du *Systême* des Finances sous la Minorité de Louis XV, pendant les années 1719 & 1720, précédée d'un Abregé de la Vie du Duc Régent, & du S^r. Law. *La Haye.* 1739. 6 *tom. en 3 vol. in* 12. *v. m.*

616 Histoire de Louis XIV, par Bruzen de la Martiniere. *La Haye.* 1740. 5 *vol. in* 4. *G. P.* *

617 Médailles sur les Principaux Evénemens du Regne de Louis XIV, avec des Explications historiques & la Préface imprimée. *Par. Imp. Royale.* 1702. *in fol.*

618 La Vie de Philippe d'Orléans. *Lond.* 1736. *4.10*
  2 *vol. in* 12. *v. f.*

619 Mémoires & Lettres de Me. de Maintenon,
  par M. de la Baumelle. *Amst.* 1755. 15 *vol. in* 12. * *36*

620 Les Avantures de Pomponius, Chevalier *8*
  Romain. *Rome.* 1728. *in* 12. *v. f.*

621 Le Berceau de la France. *La Haye.* (*Paris.*) *2. 8*
  1744. *in* 12. *v. m.*

622 Mémoires du Chevalier de Ravannes. *Lond.* *5. 8*
  1751. 3 *vol. in* 12. *

623 Mémoires de M. l'Abbé de Montgon. *Par.* *16. 4*
  1750. 9 *tom. en* 10 *vol. in* 12. *

624 Mémoires du Duc de Villars. *La Haye.* *6*
  1736. 3 *vol. in* 12. *v. m.*

625 Mémoires historiques & critiques sur divers *3. 12*
  Points de l'Histoire de France, &c. par Fr.
  Eudes de Mezeray. *Amst.* 1753. 2 *vol. in* 12. *

626 Traité Historique des Monnoies de France, *18*
  depuis le commencement de la Monarchie jus-
  qu'à présent, par M. le Blanc. *Paris.* 1690.

. . . . Dissertation Historique sur quelques Mon-
  noies de Charlemagne, Louis-le-Débonnaire,
  Lothaire, & de leurs Successeurs, frappées
  dans Rome. *Paris.* 1688. 2 *vol. in* 4. *fig. v. b.*

627 Le Ceremonial François, par Théodore Go- *5*
  defroy, mis au jour par Denis Godefroy. *Par.*
  1649. 2 *vol. fol v. b.*

628 Etat de la France, par M. de Boulainvilliers. *18*
  Lond. (*Paris.*) 1752. 8 *vol. in* 12. *

Histoire d'Allemagne.

629 Histoire Générale d'Allemagne, par le P. *100*
  Barre. *Par.* 1748. 10 *tom. en* 11 *vol. in* 4. *fig.*

630 Les Mémoires du Comte de Vordac. *Paris.* *3*
  1730. 2 *vol. in* 12. *v. b.*

631 Hiſtoire & Regne de Charles VI, par Ma‑
demoiſ. de Luſſan. *Paris.* 1753. 9 *vol. in* 12.

632 Hiſtoire du Prince Eugene de Savoye. *Amſt.*
1740. 5 *vol. in* 8. *

633 Hiſtoire de Maurice Comte de Saxe. *Paris.*
1752. 3 *vol. in* 12. *v. m.*

634 Mémoires des Expéditions Militaires qui ſe
ſont faites en Allemagne, en Hollande &
ailleurs, depuis le Traité d'Aix la Chapelle
juſqu'à celui de Nimegue. *Paris.* 1734. 2 *vol.*
in 12. *v. b.*

Hiſtoire de la Suiſſe, des Pays‑Bas, des Pro‑
vinces ‑ Unies, d'Angleterre & d'Eſ‑
pagne, &c.

636 Les Délices de la Suiſſe, par M. Gottlieb
Kypſeler. *Leyde.* 1714. 4 *vol. in* 12. *fig. v. b.*

637 Les Délices des Pays ‑ Bas. *Brux.* 1743.
4 *vol. in* 8. *fig.*

638 Mémoires de ce qui s'eſt paſſé dans la Chré‑
tienté, par M. le Chevalier Temple. *La Haye.*
(*Paris.*) 1693. *in* 12. *v. f.*

639 La Religion des Hollandois, par Stoupe.
Paris. 1673. *in* 12. *v. b.*

640 La Véritable Religion des Hollandois, par
Jean Brun. *Amſt.* 1675. *in* 12.

641 Les Délices de la Grande‑Bretagne & de
l'Irlande, par James Beeverell. *Leyde.* 1707.
8 *tom. en* 9 *vol. in* 8. *fig. v. m.*

642 Hiſtoire d'Angleterre, par de Rapin Thoy‑
ras. *La Haye.* 1727. 13 *vol. in* 4. *v. m.*

643 La Vie d'Elizabeth, Reine d'Angleterre,
trad. de l'Italien de Gregorio Leti. *Amſterdam.*
(*Rouen.*) 1694. 2 *vol. in* 12. *v. f.*

644 La Vie d'Olivier Cromwel, par le même. *6*
Amft. 1703. 2 *vol. in* 12. *v. b.*

645 Hiftoire de la Rébellion & des Guerres Ci- *10 . 4*
viles d'Angleterre , par Edouard de Claren-
don. *La Haye.* 1704. 6 *vol. in* 12. *v. m.*

646 Hiftoire de Marie Stuart, Reine d'Ecoffe & *3 . 12*
de France. *Lond. (Paris.)* 1743. 2 *vol. in* 12.

647 Hiftoire Navale d'Angleterre , depuis la *18*
Conquête des Normands en 1606 , jufqu'à la
fin de l'année 1734, trad. de l'Anglois de Th.
Lediar. *Lyon.* 1751. 3 *vol. in* 4. *v. m.*

640 Les Délices de l'Efpagne & du Portugal , *12*
par Don Juan Alvares de Colmenar. *Leyde.*
1707. 5 *tom. en* 4 *vol. in* 8. *fig. vel.*

649 Hiftoire Générale d'Efpagne , de Mariana, *54*
trad. en Franç. avec des Notes du P. Charen-
ton, de la Compagnie de Jefus. *Paris.* 1725.
6 *vol. in* 4. *G. P.*

650 Hiftoire du Miniftere du Cardinal de Xi- *3 . 12*
menes , par Marfolier. *Paris.* 1704. *in* 12. *v. b.*

651 Anecdotes de la Cour de Philippe Augufte , *10 . 10*
par Mademoif. de Luffan. *Paris.* 1733. 6 *vol.*
in 12. *v. f.*

652 Révolutions de Portugal , par M. l'Abbé *2*
de Vertot. *Paris.* 1730. *in* 12. *v. b.*

653 Hiftoire des Révolutions de Suéde , par le *3 . 12*
même. *Paris.* 1730. 2 *vol. in* 12. *v. b.*

654 Hiftoire des Révolutions de Hongrie. *La* *9*
Haye. 1739. *in* 4. *v. b.*

655 Hiftoire de Pierre le Grand. *Amft.* 1742. *9*
in 4. *fig. v. m.*

655 * Le même. 1742. 3 *vol. in* 12. * *7 . 4*

Histoire des Monarchies hors de l'Europe.

656 Mœurs & Ufages des Turcs, par M. Guer. *Paris.* 1746. 2 *vol. in* 4. *fig.* G. P.

657 Hiftoire des Revolutions de Perfe. *Paris.* 1742. 2 *vol. in* 12. *v. m.*

658 Hiftoire de Thamas Koulikan. *Paris* 1742, *in*-12. *v. b.*

659 Hiftoire du Chriftianifme d'Ethiopie & d'Arménie, par M. La Croze. *La Haye.* 1739. *in*-12. *v. b. double.*

660 Hiftoire des Indes Orientales anciennes & modernes, par M. l'Abbé Guyon. *Paris.* 1744. 3 *vol. in* 12. *v. b.*

661 Hiftoire de la Conquête du Mexique par Fernand Cortes, trad. de l'Efp. de Don Antonio de Solis. *Paris.* 1730, 2 *vol. in* 12. *fig. v.b.*

662 Hiftoire de la Conquête de la Floride, trad. de l'Efp. en Franç. par Pierre Richelet. *Leide.* 1731. *in* 8. *fig. v. b.*

663 Hiftoire de la Conquête du Pérou, trad. de l'Efpagnol d'Aug. de Zarate, Par S. D. C. *Paris.* 1716. 2 *vol. in* 12. *fig. v. b.*

664 Hiftoire des Incas du Perou. *Paris.* 1744. 2 *vol. in* 8. *fig.*

665 Hiftoire des Guerres civiles des Efpagnols dans les Indes, trad. de l'Efpagn. par J. Baudouin. *Amft.* 1706. 2 *vol. in* 12. *v. m.*

666 Hiftoire de S. Domingue, par le P. de Charlevoix. *Paris.* 1730. 2 *vol. in* 4. *fig. broch.*

667 Nouvelle découverte d'un très-grand Pays fitué dans l'Amérique ; par le R. P. Louis Hennpin. *Amft.* 1698. *in* 12. *fig. v. b.*

668 Mœurs des Sauvages ; par le P. Lafitau. *Paris.* 1724. 4 *vol. in* 12. *fig. v. b.*

Histoire Généalogique.

669 Tablettes Historiques, Généalogiques &
Chronologiques; par M. de Nantigny. *Paris.* 7 · 4
1749 *& suiv.* 6 *vol. in* 16. *

670 Histoire Généalogique de la Maison de Gon- 8
dy, par M. de Corbinelli. *Paris.* 1705. 2 *vol.*
in 4. *fig. G. P. v. b.*

Antiquités, Médailles & Monnoies.

671 La Science des Médailles antiques & mo- 3
derues. *Paris.* 1715. 2 *tom. en* 1 *vol. in* 12. *fig.*

672 Discours sur les Médailles & Gravures an- 24
tiques, principalement Romaines, par Ant.
le Pois. *Paris. Mam. Patisson,* 1539. *in* 4. *vol.*
avec la fig. du P. page 147.... Dans le même,
Discorsi d'Ant. Agostini Sopra la Medaglie,
tradotti dalla Lingua Spagnuola. *fig.*

673 Recherches Curieuses des Monnoies de 72
France, par Cl. Bouteroue. *Paris. Martin.*
1666. *in fol. fig. G. P.* *

674 Traité Historique des Monnoies de France, 9
avec la Dissertation, par le Blanc. *Amst.* 1692.
in 4. *fig.*

675 Traité des Monnoies, par H. Poullain. *Paris.* 2
1709. *in* 12.

676 Mémoires pour servir à l'Histoire de la Fête 3
des Foux, par M. du Tilliot. *Lausanne.* 1751.
in 8. *fig. v. m.*

Histoire Littéraire.

677 Transactions Philosophiques de la Société 36
Royale de Londres, trad. par M. de Bremond.
Paris. 1741. 4 *vol. in* 4. *fig.*

678 Mémoires Secrets de la République des Let- 12

tres, par le Marq. d'Argens. *La Haye.* 1743.
6 *vol. in* 12. *

8   679 Dictionnaire des Livres Janséniftes. *Anvers.*
(*Lyon*) 1756. 4 *vol. in* 12. *v. m.*

40   680 Les Vies des Hommes illuftres de la France,
par M. d'Auvigny. *Paris.* 1739. *& fuiv.* 20 *vol.*
in 12. *

3   681 La Vie & les Sentimens de Lucilio Vanini.
Rotterd. 1717. *in* 12. *v. m.*

10   682 Entretiens fur les Vies des Peintres & des
Architectes, par M. Felibien. *Paris.* 1696. 3
vol. in 4. *v. m.*

9   683 Le même. *Lond.* 1705. 5 *vol. in* 12. *vel.*

2   684 Hiftoire Abrégée des plus fameux Peintres,
Sculpteurs & Architectes Efpagnols, trad. de
l'Efp. de D. Ant. Palamino Velafco. *Paris.*
1749. *in* 12. *v. m.*

Dictionnaires Hiftoriques.

55   685 Dictionnaire Hiftorique, par M. Louis Mo-
rery. *Paris.* 1725 *& fuiv.* 8 *vol. in fol.*

120   686 Le même. *Paris.* 1732. *& fuiv.* 10 *vol. fol.* *

7 · 4   687 Dictionnaire Hiftorique Portatif. Par M.
l'Abbé Ladvocat. *Paris.* 1752. 2 *vol. in* 8. *

136   688 Dictionnaire Hiftorique & Critique, par M.
Bayle. *Rotterd.* 1720. 4 *vol. in fol. v. b.*

84   689 Nouveau Dictionnaire Hiftorique & Criti-
que, pour fervir de Supplément au Diction-
naire de Bayle; par de Chaufepie. *Amft.* 1750.
4 *vol. in fol. v. b.*

12   690 Analyfe raifonée de M. B. *Lond.* 1755. 4
vol. in 12.

FIN.

SUPPLEMENT AU CATALOGUE.

692 GUIL. Ader de Ægrotis & morbis in Evan- 1 · 4
gelio. *Tolofæ.* 1621. *in-8.*

693 L'Eloquence Chrétienne dans l'idée & la 2 · 10
pratique, par le P. B. Gisbert. *Lyon.* 1715. *in-4.*

694 Philofophiæ Hæresium obex, autore Ch. 4 · 10
Got. Joechero. *Lipfiæ.* 1732. *in-4.*

695 Lucii Antiftii (B. Spinofa.) de Jure Ecclefiaf- 2
ticorum, Liber fingularis. *Alethop.* 1665. *in-8.*

696 Hiftoire de la Religion des Eglifes Réfor- 3
mées, par M. Bafnage. *Rott.* 1690. 2 vol. *in-8.*

697 Le Brigandage de la Médecine. *Utrecht.* 1732. 4 · 10
3 vol. *in* 12.

698 Traité de l'art Métalique, extrait des Œu- 2
vres d'Al. Alph. Barba, par Hautin de Villars
de Rodes. *Paris.* 1730. *in-12. fig.*

699 Bibliotheque des Philofophes Chimiques, 7 · 4
par J. M. D. R. *Paris.* 1741. 3 vol. *in-12. fig.*

700 L'Odiffée d'Homere, trad. en Franç. avec 9
des Remarques, pa Mad. Dacier. *Paris. Ri-*
gaud. 1716. 3 vol. *in-12.*

701 Traité général du ftyle, avec un Traité du 1 · 10
ftyle Epiftolaire. *Amft.* 1751. *in-8.*

702 Apologie pour Herodote, avec des Remar- 9
ques par le Duchat. *La Haye.* 1735. 3 vol. *in-8.*

703 Recueil d'Eftampes gravées d'après les plus 144
beaux Tableaux & les plus beaux Deffeins qui
font en France, divifé fuivant les différentes
Ecoles; avec un Abrégé de la vie des Peintres,
& une defcription hiftorique de chaque Ta-
bleaux: par les foins de M. Crozat. *Paris.*
Imprim. Royale. 1729. 2 vol. *in-fol. grandeur*
d'Atlas. v. m.

704 Le Mercure de France depuis 1717 jufqu'en 1755. *Paris.* 230 *vol. in-12.* *

705 Œuvres Diverfes de Pierre Bayle. *La Haye.* 1727. 4 *vol. in-fol G. P. en blanc.*

706 Difcours fur l'Hiftoire Univerfelle, par M. Boffuet, avec la fuite & les Cartes. *Amfterd.* 1717. 3 *vol. in-12. fig.*

707 Hiftoire des Juifs, par Prideaux, trad. de l'Angl. *Amft.* 1728. 6 *vol. in-12. fig.*

708 Sermons du P. Bourdaloue. *Amfterd.* 1734. 14 *vol. in-12. v. m.*

709 Idée du Cabinet du Roi pour les Médailles. Par I. N. Godonnefche. *in-16. maroquin cit. à compartiment.*

Ce petit Volume eft manufcrit fur velin très-joliment écrit, avec des cadres en or autour de chaque page, de petites vignettes peintes en miniature; une Avertiffement qui donne une idée de cet Ouvrage, enfuite fe trouve les Têtes des Douze Cefars deffinées au crayon; le portrait de Louis XV, & douze Pierres antiques du Cabinet du Roi peintes en miniature dans leurs couleurs naturelles.

710 Splendoris magnificentiffime urbis Venetia-rum Clariffimi, è figuris elegantiffimis & ac-curata defcriptione eminantis. *Lugd. Batav. Vander A A. 2 vol. in-fol.* *

Idem. L'Italie illuftrée, en 135 fig. en tail. douce, deffinées & gravées par les plus fameux Grav. des Pays-Bas; avec l'explication en Italien, François & Latin. *in-fol.* *

Idem. Vûes des Palais, Bâtimens célébres, Places, Mafcarades, & autres beautés fingulieres de la Ville de Venife, repréfentées en 115 fig. en taille-douce, *in-fol.* *

F I N.

TABLE
ALPHABETIQUE

Des Noms des Auteurs & des Ouvrages sans noms d'Auteurs, contenus dans le Catalogue de M. M***

I

9 782329 609720